Hans Rudolf David unternimmt zum Jahreswechsel 2000/2001 eine dreimonatige Frachtschiffreise. Die Stationen dieser Reise einmal um den Planeten lauten: Rotterdam – Dünkirchen – Le Havre – Norfolk – Savannah – Kingstone – Panama – Papeete – Auckland – Nouméa – Brisbane – Sydney – Melbourne – Jakarta – Singapur – Colombo – Suez – Port Said – La Spezia – Marseille – Tilbury – Hamburg. Sowohl an Land wie auch an Bord gibt es viel Neues zu erleben, erhält der Reisende Einblicke in bisher nicht gekannte Welten.

Der Autor fasst in diesem durch zahlreiche Abbildungen illustrierten Reisebericht seine eigenen Erlebnisse und Gedanken zusammen, gibt aber auch nützliche und praktische Tips. Die Begeisterung ist nachhaltig: »Unvergessen bleiben die Eindrücke einer mir bislang unbekannten Welt. Ich hoffe, mit meinen Ausführungen viele Mitmenschen für diese Reiseart begeistern zu können, ja, sie vielleicht sogar davon zu überzeugen, selbst unseren Planeten auf dem Wasserweg zu bereisen.«

Hans Rudolf David, Jahrgang 1936, wuchs in Winznau bei Olten SO auf. Nach Ausbildungen als Maschinenschlosser und Automechaniker war er langjährig in der Fahrzeugbranche tätig und veröffentlichte verschiedene Fachbücher zum Thema Vergasertechnik, Umweltschutz und Motorentechnik.

Hans Rudolf David

Hans Rudolf David

In 90 Tagen rund um die Welt

*Bericht einer ungewöhnlichen Reise
mit einem Containerschiff*

Dezember 2002
© 2002 Hans Rudolf David
Satz und Layout: Buch & medi@ GmbH, München
Umschlaggestaltung: Kay Fretwurst, Spreeau
Umschlagfoto: Josef Nuesse
Herstellung: Books on Demand GmbH, Norderstedt
Printed in Germany
ISBN 3-0344-0108-6

Inhalt

Vorwort 7

Einige Ratschläge für Neulinge 9

Meine Reise um die Welt 15

Tips zur Vorbereitung einer Frachtschiffahrt 87

Vorwort

Hamburg, 15. Januar 2002, 15.00 Uhr, die Sonne scheint. Glücklich und zufrieden, aber zugleich auch mit innerem Unwillen verlasse ich »mein« Schiff, die AUCKLAND – die letzten drei Monate auf diesem Schiff waren eine schöne Zeit!

Insgesamt habe ich an Bord 58.000 km zurückgelegt. Die Reiseroute: einmal um die Welt mit den Häfen Rotterdam – Dünkirchen – Le Havre – Norfolk – Savannah – Kingstone – Panama – Papeete – Auckland – Nouméa – Brisbane – Sydney – Melbourne – Jakarta – Singapur – Colombo – Suez – Port Said – La Spezia – Marseille – Tilbury – Hamburg (siehe auch die Karte S. 91).

Am liebsten wäre ich nur kurz nach Hause gegangen, um dort nach dem Rechten zu sehen, und hätte die Schiffsreise dann gleich noch einmal angetreten – dasselbe Schiff, dieselbe Mannschaft und dieselbe Reise.

Die Sehnsucht nach dem neu entdeckten »Seemannsleben« überwiegt fast die Freude über die Rückkehr an Land und zur Normalität.

Warum diese Begeisterung und Hingabe? Welches sind die Auslöser zu diesem Glücksgefühl? Ich gehe in Gedanken die einzelnen Momente durch: Abschalten vom Alltag, das Leben an Bord, die faszinierenden Container, die vielseitigen Häfen, Zeit zum Nachdenken, ein wenig Abenteuer und Freude am Unbekannten, der Sternenhimmel, die Sonnenuntergänge und nicht zuletzt das Meer in all seinen Facetten.

Die Eisenbahn führt mich zurück in die Realität, Wehmut und Sehnsucht nach dem Meer begleiten mich aber weiter.

Unvergessen bleiben die Eindrücke einer mir bislang unbekannten Welt. Ich hoffe, mit meinen Ausführungen viele Mitmenschen für diese Reiseart begeistern zu können, ja, sie vielleicht sogar davon zu überzeugen, selbst unseren Planeten auf dem Wasserweg zu bereisen.

Einige Ratschläge für Neulinge

Eine Frachtschiffreise – warum? Ja, warum eigentlich nicht? Aber doch ist einiges schon zum voraus zu beachten.

Wer möchte nicht sorgenfreie Tage in einer ruhigen erholsamen Welt verbringen, weit weg von den Beanspruchungen des Alltags. Wer sich zudem am stetig wechselnden Naturschauspiel von Meer und Himmel begeistern und auch seine Freizeit selbst gestalten kann, ohne dass ein Unterhaltungsprogramm geboten wird, dem kann eine Frachtschiffreise nur empfohlen werden.

Der Hauptzweck dieser Schiffe ist der Transport von Fracht. Werden gewisse internationale Sicherheitsvereinbarungen erfüllt, so darf ein solcher Frachter bis maximal 12 Passagiere mitnehmen. Die Unterbringung in Ein- oder Zweibett-Aussenkabinen mit eigener Dusche/WC auf einem der oberen Decks kann heute fast als Standard angesehen werden. Auf den grösseren Schiffen ist nicht selten ein kleiner Swimmingpool vorhanden, ebenso eine kleine Auswahl an Büchern und Video-Kassetten. Je nach Reederei und Nationalität des Schiffes sind Unterkunft, Verpflegung und Bedienung von unterschiedlicher Qualität, ebenso unterschiedlich sind auch die Preise. Auf jeden Fall wird man auf einem solchen Schiff die moderne Seefahrt hautnah und ungeschminkt erleben. Eine Frachtschiffreise ist sicher teurer als Fliegen, verglichen mit einer gleichwertigen Unterkunft auf einem Kreuzfahrtschiff ist sie jedoch immer noch recht günstig. Neben dem reinen Transport sind Unterkunft und volle Verpflegung während der ganzen Reisedauer eingeschlossen.

Die Fracht bestimmt die Route und den Fahrplan des Schiffes. Der Passagier ist deshalb gut beraten, seinen eigenen Zeitplan flexibel zu gestalten, d.h. vor und nach der Frachtschiffreise genügend Reservetage einzubauen.

Frachter haben in der Regel keinen Arzt an Bord, sind jedoch mit medizinischen Einrichtungen ausgerüstet und die Offiziere sind in Erster Hilfe ausgebildet. Im Ernstfall besteht die Möglichkeit, über Satellitentelefon ärztliche Ratschläge einzuholen oder sogar einen Nothafen anzulaufen. Die Reedereien schreiben unterschiedliche Altersgrenzen vor, über 65 ist in der Regel ein ärztliches Zeugnis erforderlich.

Im folgenden nochmals einige Gedankengänge zur Orientierungshilfe bei einer Entscheidung für eine Frachtschiffreise:
- Auf Frachtschiffen ist nicht der Passagier, sondern die Fracht König. Dies führt öfters dazu, dass sich Fahrpläne und Routen – je nach Ladeaufkommen – kurzfristig ändern können.
- Auf Frachtschiffen müssen Sie Treppen steigen. Sie müssen gut zu Fuss sein und sich auch bei Wellengang das Treppensteigen noch zutrauen.
- Auf Frachtschiffen haben Sie das, was im Alltag vielen fehlt: freie Zeit. Sie sind möglicherweise der einzige Passagier auf dem Schiff und die Besatzung arbeitet. Sie müssen sich deshalb mit sich selbst beschäftigen können. Es existiert kein Animationsprogramm und die Mannschaft ist in keiner Art und Weise verpflichtet, Sie zu unterhalten.
- Containerschiffe sind teuer im Betrieb. Jede Stunde im Hafen kostet Geld. Deshalb werden die Liegedauern im Hafen so kurz wie möglich gehalten. Zudem liegen die Containerterminals teilweise weit ausserhalb der Stadtzentren. Rechnen Sie deshalb auf keinen Fall damit, ein festes Sightseeing-Programm absolvieren zu können. Bei einer Frachtschiffreise muss das Erlebnis Schiffahrt im Vordergrund stehen – nicht das Entdecken fremder Länder.

Doch es muss ja nicht gleich eine Reise um die Welt sein, sind doch über 100 Routen zur Auswahl.

Das Angebot reicht von einem einwöchigen Törn in der Ostsee bis zu einer mehrmonatigen Weltreise. Bei vielen Überseereisen sind auch Einwegpassagen möglich. So kann man beispielsweise ein Land ausgiebig erkunden und sich dann auf der gemächlichen Rückreise mit dem Frachter von den Reisestrapazen erholen.

Die interessanteste Art von Frachtschiffreisen ist die mit einem Stückgutschiff. Das Besondere dieser Schiffe sind die etwas längeren Liegezeiten. Zwar gibt es Häfen, in denen der Aufenthalt nur kurz ist, häufiger wird das Schiff aber auch tagelang im Hafen liegen, so dass es gute Möglichkeiten für Ausflüge gibt. Es kommt auch vor, dass auf der Reede oder geladen oder gelöscht wird. Diese Reiseart ist etwas für Individualisten, die eine Alternative zur Containerfahrt suchen. Hier können Sie den Flair der Seefahrt nach alter Art spüren. Sie sollten eine Prise Abenteuerlust mitbringen, denn wer weiss, welcher Hafen morgen angelaufen wird! Oft werden Häfen erst während der Reise bestimmt.

Ist der Entschluss gefasst, sollte eine solche Reise gut vorbereitet sein, um möglichst allen Situationen und Bedürfnissen gerecht zu werden und die Möglichkeiten der Reise optimal auszuschöpfen. Deshalb wollen Planung und Vorbereitung gut überdacht sein. Nützen Sie auch die Dienste von Frachtschiffreise-Agenturen.

In der Schweiz sind das beispielsweise:
Reisezentrum Weggis
Schiffstation
Seestr. 7
CH 6353 Weggis
Tel. 041 390 11 33
Fax 041 390 1409
Info@frachtschiffreisen.ch
www.reisezentrum-weggis.ch

In Deutschland:
NSB Reisebüro GmbH
Violenstr. 22
D 28195 Bremen
Tel. 0421/33 880 20
Fax 0421/338 80 90
info@nsb-reisebuero.de
www.nsb-reisebuero.de

oder

Hamburg-Süd-Reiseagentur
Ost-West-Str. 59
D 20095 Hamburg
Tel. 040/3705-2491/2593/2597/2559
Fax 040/3705-2420
kronai@ham.hamburg-sued.com
www.freighter-voyages.com

Die aktuellen Routen mit genauen Reisezeiten und Preisangaben erhalten Sie in den genannten Reisebüros. Die Angaben können Sie auch auf den Homepages dieser Agenturen einsehen. Da der aktuelle Plan des Reisezentrums Weggis momentan 60 Seiten umfasst, zeige ich als Beispiel hier nur das Inhaltsverzeichnis der angebotenen Reisen und im Detail dann die angebotenen Reisen »Rund um die Welt«.

Frachtschiffreisen Weggis, Schweiz   Seite 1 von 1

Frachtschiffreisen - via Reisebüro

Zur Gesamtübersicht für Direktkunden

 Um die folgenden PDF-Dateien lesen zu können, brauchen Sie den Acrobat-Reader, welcher Sie hier gratis erhalten können.

Pauschalreisen - exklusive Reisepakete auf ausgewählten Frachtschiffen

Frachtschiffreisen ab Europa:
Kurzreisen Nordeuropa
Nördliches Europa - Mittelmeer
Mittelmeerrundfahrten
Europa - Nordamerika Ostküste
Europa - Suezkanal - Fernost - Nordamerika Westküste
Europa - Karibik
Europa – Südamerika Ostküste
Europa - Südamerika Westküste
Europa – Suezkanal - Fernost
Europa - Suezkanal - Indien
Europa – Indischer Ozean
Europa - Ostafrika
Europa - Südafrika
Europa - Westafrika
Rund um die Welt

Frachtschiffreisen Häfen von Uebersee:
Nordamerika - Australien/Neuseeland
Nordamerika - Karibik/Südamerika
Nordamerika - Indischer Subkontinent
Mittelamerika - Südamerika
Fernost - (Südafrika) - Südamerika
Fernost / Australien / Südsee

SGV Reisezentrum, Frachtschiffreisen, CH-6353 Weggis   info@frachtschiffreisen.ch

Seitenanfang | zurück zu Gesamtübersicht | Home

http://www.frachtschiffreisen.ch/angebote-rb-f2.htm   17.10.2002

RUND UM DIE WELT

16.06.02

Reise 153
Hamburg – Rotterdam/Holland - Dünkirchen/Frankreich – Le Havre/Frankreich – New York/USA – Norfolk/USA – Savannah/USA – Kingston/Jamaika – Manzanillo/Panama – Panamakanal – Papeete/Tahiti – Auckland/Neuseeland – Noumea/Neukaledonien – Brisbane/Australien -- Sydney/Australien – Melbourne/Australien – Jakarta/Indonesien – Singapore – Colombo/Sri Lanka – Suezkanal – Port Said/Aegypten – La Spezia/Italien – Marseille/Frankreich – Tilbury/England – **Hamburg**

Dauer Rundreise:	ca 89 Tage
Preise Rundreise:	ab € 6'850.--
Preise einfache Fahrt:	ab € 3'030.-- (Europa - Auckland, ca. 36 Tage)
	ab € 3'880.-- (Europa - Sydney, ca. 49 Tage)
Bemerkungen:	

Die Schiffe:

- Containerschiffe: „Contship Rome", „Contship Auckland", "Marfret Provence", „Contship London"
- Kabinen: 1 Eignerdoppelkabine, 2 Einzelkabinen, alle mit Dusche/WC
- Schiffsführung: International
- Flagge: Liberia
- Schiffsgrösse: 25'300 BRT, L x B: 196 x 30 m, Baujahr: 1997-9

Reise 420
Hamburg – Rotterdam/Holland - Dünkirchen/Frankreich – Le Havre/Frankreich – New York/USA – Norfolk/USA – Savannah/USA – Kingston/Jamaika – Manzanillo/Panama – Panamakanal – Papeete/Tahiti – Auckland/Neuseeland – Noumea/Neukaledonien – Brisbane/Australien -- Sydney/Australien – Melbourne/Australien – Jakarta/Indonesien – Singapore – Colombo/Sri Lanka – Suezkanal – Port Said/Aegypten – La Spezia/Italien – Marseille/Frankreich – Tilbury/England – **Hamburg**

Dauer Rundreise:	ca. 89 Tage
Preise Rundreise:	ab € 7'775.--
Preise einfache Fahrt:	ab € 3'500.-- (Europa - Auckland, ca. 36 Tage)
	ab € 4'385.-- (Europa - Sydney, ca. 49 Tage)
Bemerkungen:	

Die Schiffe:

- Containerschiffe: „CMA CGM Matisse", „CMA-CGM Utrillo", „CMA CGM La Tour", „CMA CGM Manet"
- Kabinen: 1 Eignerkabine, 2 Doppelkabinen, alle mit Dusche/WC
- Schiffsführung: Französisch/International
- Flagge: Bahamas/Franz.
- Schiffsgrösse: 2'200 TEU, L x B: 196 x 30 m, Baujahr: 1997-2001

Reise 390
Hamburg - Antwerpen - Bilbao - Genua - Port Said - Suezkanal-Transit - Jeddah/Saudi Arabien - Dubai - Karachi/Pakistan - Mumbay/Indien - Port Kelang - Singapore - Ho Chi Minh City/Vietnam - Jakarta/Indonesien - Surabaja/Indonesien - Laem Chabang/Thailand - Manila/Philippinen - Hong Kong - Kaoshiung/Taiwan - Shanghai/China - Busan/Korea - Qingdao/China - Xingang/China - Kobe/Japan - Honolulu/Hawaii - Stockton/Kalifornien - Ensenada/Mexiko - Panamakanal-Transit - Houston - New Orleans - Savannah - Camden - Baltimore - Miami - Antwerpen - **Hamburg**

Dauer Rundreise:	130 - 140 Tage
Preise Rundreise:	ab € 9'500.--
Bemerkungen:	Stückgutschiffe, mit längeren Liegezeiten. Häfen und Reisedauer variieren von Reise zu Reise sehr stark. Sehr grosse zeitliche Flexibilität nötig. Buchungen werden auf acht Wochen genau genommen (z.B. Januar/Februar)
	Gewisse Teilstrecken auf Anfrage buchbar

Die Schiffe:

- Stückgutschiffe: "Leon", "Bibi", "Merida", "Rickmers Tianjin", "Rickmers Houston"
- Kabinen: Doppelsuiten, Doppelkabinen und Einzelkabine, alle mit Dusche/WC
- Schiffsführung: International
- Flagge: Bahamas/Zypern
- Schiffsgrösse: 22'230 - 31'507 TDW, L x B: 178 x 27 m, Baujahr: 1979

Reise 426
Hamburg - Dünkirchen – Le Havre – Panamakanal-Transit – Papeete/Tahiti – Auckland/Neuseeland – Noumea/Neukaledonien – Suva/Fiji – Lautoka/Fiji – Santo/Vanuatu - Oro Bay/Papua New Guinea – Lae/Papua New Guinea – Madang/Papua New Guinea – Kimbe/Papua New Guinea – Rabaul/Papua New Guinea – Lae – Panjang/Indonesien - Singapore – Suezkanal-Transit – **Hamburg**

Dauer Rundreise:	105 - 130 Tage
Preise Rundreise:	ab US$ 10'900.--
Bemerkungen:	

Die Schiffe:

- Semi-Container: „Foylebank", „Teignbank", „Arunbank", „Speybank"
- Kabinen: 4 Doppelkabinen, 2 Einzelkabinen, alle mit Dusche/WC
- Schiffsführung: British
- Flagge: British
- Schiffsgrösse: 15'460 TDW, L x B: 177 x 25 m, Baujahr: 1983

Frachtschiffreisen via Reisebüro: Rund um die Welt

Nützlich ist auf jeden Fall ein Blick in die Suchmaschinen zum Stichwort »Frachtreisen« oder »Internationale Frachtreisen«.

NB: In einem normalen Reisebüro kennt man sich in dieser Reiseart nicht aus.

Meine Reise um die Welt

1.–4. Tag
Hägendorf–Rotterdam–Dünkirchen–Le Havre

22.32 Uhr Abfahrt mit Schlafwagen via Brüssel nach Rotterdam. Die Nacht war kurz, doch bin ich dank der Single-Kabine gut ausgeruht. Mit dem Taxi zur Anlegestelle 2570 im grössten Containerhafen von Europa. Nun sehe ich sie, die CONTSHIP AUCKLAND, noch grösser, als ich sie mir vorgestellt habe.

Brücke und Teil der Ladung von CONTSHIP AUCKLAND im Rotterdamer Hafen

Freundlicher Empfang bei der Gangway durch zwei Seeleute mit den Worten:
»Are you the new passenger?«
»Yes, I am.«
»Welcome on board!«, und sie nehmen meine zwei Koffer, als seien sie Handgepäck und tragen sie hinauf in meine Kabine. Die ersten Eindrücke sind die Sauberkeit an Bord und die grosszügige Kabine, mein Zuhause für die nächsten drei Monate.

	CMA CGM Matisse 6341		Contship London 6351		CMA CGM Utrillo 6012		Contship Auckland 6022		CMA CGM La Tour 6032	
TIL	16 - 16.09	11	27 - 27.09	9	06 - 06.10	10	16 - 16.10	9	25 - 25.10	10
HAM	17 - 18.09	11	28 - 29.09	9	07 - 08.10	10	17 - 18.10	11	26 - 27.10	10
RTM	19 - 20.09	11	30 - 01.10	9	09 - 10.10	10	19 - 20.10	11	28 - 29.10	10
DKK	20 - 21.09	11	01 - 02.10	9	10 - 11.10	10	20 - 21.10	10	29 - 30.10	10
LEH	21 - 22.09	11	02 - 03.10	9	11 - 12.10	10	21 - 22.10	10	30 - 31.10	10
NYK	30 - 30.09	10	10 - 10.10	10	20 - 20.10	10	30 - 30.10	10	08 - 08.11	10
ORF	01 - 01.10	10	11 - 11.10	10	21 - 21.10	10	31 - 31.10	11	09 - 09.11	10
SAV	03 - 03.10	10	13 - 13.10	10	23 - 23.10	10	02 - 02.11	10	11 - 11.11	10
KIN	06 - 06.10	10	16 - 16.10	10	26 - 26.10	10	05 - 05.11	10	14 - 14.11	10
MAN	08 - 08.10	10	18 - 18.10	10	28 - 28.10	10	07 - 07.11	10	16 - 16.11	10
PAN	08 - 09.10	10	18 - 19.10	10	28 - 29.10	10	07 - 08.11	10	16 - 17.11	10
PPT	19 - 20.10	10	29 - 30.10	10	08 - 09.11	10	18 - 19.11	9	27 - 28.11	10
AKL	26 - 27.10	10	05 - 06.11	10	15 - 16.11	10	25 - 26.11	8	04 - 05.12	10
NOU	30 - 31.10	10	09 - 10.11	10	19 - 20.11	10	29 - 30.11	11	08 - 09.12	10
BNE	03 - 03.11	10	13 - 13.11	10	23 - 23.11	10	03 - 03.12	10	12 - 12.12	10
SYD	05 - 05.11	10	15 - 15.11	10	25 - 25.11	10	05 - 05.12	9	14 - 14.12	10
MEL	07 - 08.11	10	17 - 18.11	10	27 - 28.11	10	07 - 08.12	9	16 - 17.12	10
JKT	16 - 17.11	10	26 - 27.11	10	06 - 07.12	10	16 - 17.12	10	25 - 26.12	10
SIN	19 - 19.11	10	29 - 29.11	10	09 - 09.12	10	19 - 19.12	10	28 - 28.12	10
CMB	23 - 24.11	10	03 - 04.12	10	13 - 14.12	10	23 - 24.12	11	01 - 02.01	10
SUZ	01 - 02.12	10	11 - 12.12	10	21 - 22.12	10	31 - 01.01	11	09 - 10.01	10
PSD	02 - 03.12	10	12 - 13.12	10	22 - 23.12	10	01 - 02.01	11	10 - 11.01	10
SPE	06 - 07.12	10	16 - 17.12	10	26 - 27.12	10	05 - 06.01	11	14 - 15.01	10
MRS	08 - 08.12	10	18 - 18.12	10	28 - 28.12	10	07 - 07.01	11	16 - 16.01	10
TIL	14 - 14.12	10	24 - 24.12	10	03 - 03.01	10	13 - 13.01	10	22 - 22.01	10
Voy Time	89 days		88 days		89 days		89 days		89 days	

Reiseroute von CONTSHIP AUCKLAND *(Route 6022) mit Häfen und Reisedaten*

Nun heisst es Auspacken und Einrichten in der »1-Zimmer-Wohnung« – eine breite Koje, ein Dreiersofa mit Salontisch, Pult mit bequemem Bürostuhl, Kasten und Schränklein, Kühlschrank, Radio mit CD-Abspielmöglichkeit, grosszügige WC/Duschanlage. Auf schwankende Zeiten weisen lediglich die Wassergräben, die Schwimmweste, die Gebetsanleitung, der

Aufsaugschwamm vor dem Bullauge und die Verankerungsmöglichkeiten der Möbel hin, das alles ist geschickt verteilt auf ca. 16 qm.

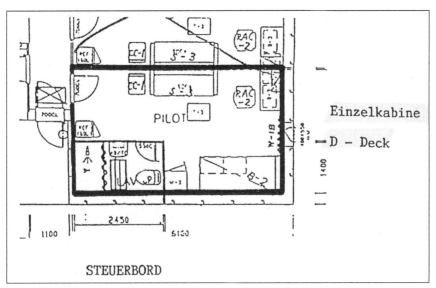

Grundriss meiner Einzelkabine auf dem D-Deck Steuerbord

Mein Reich an Bord der CONTSHIP AUCKLAND

Meine »Kommandobrücke«

En route

Der Steward zeigt mir den Waschsalon mit Waschmaschine, Trockner und Bügeleisen, alles zur freien Verfügung. Der Kurs an der Volkshochschule »Waschen und Bügeln für Männer« scheint sich auszuzahlen, obwohl diese Dienste gegen Verrechnung in Anspruch genommen werden könnten.

Von der Brücke aus beobachte ich erstmals mit Bewunderung das Beladen des Schiffes mit den Containern – das Zusammenspiel der Lastwagen, der Hebefahrzeuge, der Kräne. Das Verladen und Befestigen ist faszinierend.

Das Ablegen in der Nacht und das Anlegen im Hafen von Dünkirchen habe ich verschlafen.

Dünkirchen

Ich unternehme erste Spaziergänge an Bord und mache mich mit der Hausordnung vertraut, z.B. mit den Essenszeiten:
- 7.30 bis 8.20 Uhr Morgenessen,
- 11.30 bis 12.20 Uhr Mittagessen,
- 17.30 bis 18.20 Uhr Nachtessen,
- dazwischen um 10 und 15 Uhr Kaffee- bzw. Teatime.

Ich schließe erste Kontakte mit der Besatzung und schaue wieder dem faszinierendem Verladen zu; welche grossartige Logistik steht dahinter, wehe, wenn der Computer ausfällt.
NB: Das Essen ist gut und reichhaltig, außerdem abwechslungsreich.

Le Havre

Ausgeschlafen und ausgeruht habe ich einen Hafenrundgang gemacht. Ein Ausflug in die Stadt ist nur per Taxi möglich, da der Terminal weit ausserhalb liegt.

Dann erledige ich letzte Telefongespräche, denn diese Nacht verlassen wir Europa und starten zur Nordatlantik-Überfahrt. Um 22.00 Uhr ist der letzte Container ist an Bord, nun beginnen die verschiedenen

Checks und um 2.00 Uhr geht es zuerst in die Schleuse, dann laufen wir in Richtung Atlantik aus.

Nun erst hat die Reise mit all den offenen Fragen richtig begonnen: Wie verträgst du das Meer mit all seinen Facetten? Was ist mit Seekrankheit? Wie bekommt dir die Abgeschiedenheit? Wie fühlst du dich, nur mit Wasser um dich herum? Schaukelt das Schiff, werden die Wellenbewegungen stärker? Dies alles und einiges mehr geht mir durch den Kopf, doch ich bin guter Dinge, dass aus dem Landmensch eine Wasserratte wird.

5.–12. Tag
Atlantik-Überfahrt nach New York

Rundherum nichts als Meer, eine ruhige See mit ca. drei Meter hohem Wellengang. Ich stehe am Bug und schaue ins Wasser; jawohl, nichts als Wasser, das von Zeit zu Zeit die Farbe wechselt von bleigrau über königsblau zu azur. Dann gehe ich ans Heck und beobachte die Gischt, die von der Schiffsschraube aufgewirbelt wird. Ich schaue der Gischt nach – und meine Gedanken werden umhergewirbelt wie das Wasser. Fast träumerisch stehe ich an der Reeling und muss mir eingestehen, dass Wasser inspirierend wirkt; ich vergesse Zeit und Ort – so spannend kann Wasser sein.

Heute ist einer der wenigen »Muss-Termine« angesagt, nämlich ein Treffen mit dem Sicherheits-Offizier. Wir machen gemeinsam einen Schiffs-Rundgang und er zeigt mir speziell die Orte, die mit der Sicherheit an Bord zu tun haben, so z.B. das Feuerwehr-Magazin mit seinen modernen Einrichtungen wie Sauerstoff-Atemgeräte usw., aber auch das Sanitätszimmer mit umfangreicher Apotheke und einem Operationsbett, außerdem eine spezielle Vorrichtung zum Abtransport mit dem Helikopter. Ein Arzt ist auf dem Schiff zwar nicht anwesend, einige Offiziere sind aber immerhin darin ausgebildet, eine Spritze geben zu können. Wir besichtigen auch den Maschinenraum mit dem riesigen, Sieben-Zylinder-Schiffsdieselmotor aus Korea und den vier Motorgruppen, welche zur Herstellung von Strom nötig sind. Besonders ins Auge fällt mir die gut eingerichtete Werkstätte (mit Drehbank).

Tabus und Verbote für die Passagiere gibt es praktisch keine, Brücke und Maschinenraum darf man aber nur in Begleitung eines Offiziers betreten.

Zur Erinnerung nochmals die drei wichtigen Verhaltensregeln:
- Die Essenszeiten einhalten!
- Die Offiziersmesse ist keine Kneipe!
- Die Leute nicht bei der Arbeit behindern!

Am Abend findet der Kantinen-Verkauf statt, bei dem man sich mit den nötigen Dingen für den Alltag eindecken kann.

Mit all den neuen Eindrücken lege ich mich beizeiten ins Bett; an das Schaukeln und Vibrieren bin ich ja nun schon gewöhnt.

Am Morgen werde ich geweckt durch ungewöhnliche Bewegungen des Schiffes, ausgelöst durch einen Wellengang von acht bis zehn Metern. Irritierend ist aber auch das eigenartige Geräusche der leeren Container, die wie Schweine quieken. Dazu pfeift der Wind zwischen den Containern und erzeugt eigenartige Töne. Das Wetter ist schlecht, also wird heute gefaulenzt.

Am Nachmittag gibt es die offizielle Begrüssung durch den Kapitän im Salon auf dem E-Deck. Im Namen der Reederei P. Rickmers heisst er mich und die anderen Passagiere mit Champagner und einem Begrüssungsgeschenk willkommen. Ausser mir sind noch eine Schweizerin aus Zürich und ein Australier aus Brisbane an Bord. In einem fast einstündigen Gespräch gibt der Kapitän uns Ratschläge über das Verhalten an Bord und an Land.

Wichtig ist, das Schiff nie ohne Pass zu verlassen. Er berichtet auch, dass wir infolge einer Sturmwarnung mit einem Umweg südlich an den Azoren vorbei und dann dem 40. Breitengrad folgend nach New York fahren. Eine solche Warnung habe er letztes Jahr ignoriert und dann die schlimmste Reise seines Lebens erlebt mit 25 Meter hohen Wellen bei einer seitlichen Neigung von 28 Grad. Das Schiff habe Wasser aufgenommen und er selbst Angst um Schiff und Besatzung gehabt; zudem habe die Reise statt der veranschlagten sieben Tage zwölf Tage gedauert und fünf Container seien verlorengegangen.

Der Kapitän informiert uns auch noch darüber, dass wegen der Ereignisse vom 11. September 2001 nach aktuellem Wissensstand in New York keine Ausländer an Land gehen dürfen.

Das Wetter wird immer besser, anfangs noch kalter Wind, doch nun meistens Sonnenschein. Ich geniesse das Leben an Bord eines Frachtschiffes.

Öfters wurde ich nach der Reise gefragt, was ich denn den ganzen langen Tag gemacht habe. Aber die Tage waren immer zu kurz, als dass Langeweile hätte aufkommen können. An Bord kann man richtig loslassen, den Tag erleben und geniessen. Im folgenden eine Aufstellung der möglichen Aktivitäten:

- Ein Rundgang an Bord, mit all den neuen Begebenheiten eines Transportmittels, das mir bisher fremd war,
- Lesen, vor allem solche Bücher, die man früher immer weggelegt hat für später, wenn man mal Zeit hat. Jetzt kann ich den Lesestoff geniessen und darüber nachdenken,
- Ablenken kann ich mich mit dem Schachcomputer, auch dies eine sinnvolle Einrichtung,
- Ich habe Zeit, endlich einmal einen längst fälligen Brief zu schreiben. In der heutigen Zeit mag das altmodisch klingen, gibt es doch E-Mails und Telefon. Doch noch immer gilt das Sprichwort: »Willst Du einen Brief, so schreibe einen Brief!«,
- Nicht zu vergessen die Mahlzeiten, bei denen Gespräche stattfinden mit Leuten, die dir bis heute fremd waren mit ihrem Beruf, ihren Ansichten usw., denn Seemänner sind ein eigenes Volk,
- Sollte das alles nicht genügen, steht eine grosszügige Bibliothek und Videothek im Salon zur Verfügung; auch dort stösst man auf manches Interessante,
- Schließlich kann man das Wasser beobachten, den Wellen folgen, den Gedanken freien Lauf lassen, bei Nacht den Sternenhimmel betrachten, der auf dem Meer einmalig schön ist.

So vergeht die Zeit und du weißt gar nicht einmal, welcher Wochentag es ist!

Klar, das Reisen mit einem Container-Frachter ist keine Kreuzfahrt. Du bist viel allein – das kann gelegentlich auch ganz schön sein –, aber du musst dich mit dir selbst beschäftigen können.

Heute »safety drill« (Probealarm), wie von nun an jeden Freitag. Die Alarmsirene ertönt und das bedeutet, dass ich nun mit angezogener Schwimmweste am Sammelplatz erscheinen muss. Die Teilnahme an der eigentlichen Übung ist für die Passagiere freiwillig, wir müssen aber auf jeden Fall antreten, denn zugleich findet der Appell statt um festzustellen, ob noch alle an Bord sind.

Das Thema heute lautet: Feuer an Bord, Ölunfall, Erkennung von Containerladung, außerdem lernen wie, auf welche Weise das Schiff verlassen werden muss und steigen probeweise in die uns zugewiesenen Rettungsboote.

Alles in allem gut organisiert, jeder hat Platz, die Gerätschaften sind in Ordnung, doch im Ernstfall, bei Hektik und anderen Unannehmlichkeiten, sieht bekanntlicherweise alles ein wenig anders aus. Hoffen wir also, dass dieser Ernstfall nicht eintrifft und belassen wir es bei den Übungen!

Erstmals muss ich waschen und bügeln, frei nach dem Motto »selbst ist der Mann, resp. die Frau«. Doch die moderne Miele-Waschmaschine lässt einem ja kaum Raum für Fehler.

Heute habe ich Gelegenheit, den Maschinenraum mit dem Chief-Engineer zu besichtigen. Zunächst einmal beeindruckt mich die Grösse des Raumes und die tadellose Ordnung. Der grosszügige, vollklimatisierte Kommandoraum (wegen der Computer) ist einem Elektrizitätswerk vergleichbar, hochmodern – und doch ist man sich nicht sicher, ob 2001 mit einem Baujahr von 1998 kompatibel ist.

In der Mitte steht überwältigend gross der Sieben-Zylinder-Zweitaktmotor mit direkt angeflanschter Schiffsschraubenwelle. Das Anlasserritzel hat die Grösse eines PKW-Motors von vier Zylindern! Dahinter vier grosse Dieselmotoren (aber mit Schwerölbetrieb), ungefähr doppelt so gross wie ein LKW-Motor, die für den elektrischen Strom sorgen.

Reparaturen kommen selten vor, in der Regel nur Wartungsarbeiten, denn das Ganze ist konzipiert für 15.000 Betriebsstunden ohne Unterbrechung; dann folgt der grosse Service. Trotzdem gibt es eine sehr gut eingerichtete Werkstätte, wo auch die Drehbank nicht fehlt.

Wir hatten interessanten Gesprächsstoff über Technik, Brennstoffe usw. Erwähnenswert ist auch die bordeigene Wasseraufbereitung in zwei Klassen, zum einen die Klasse A: Trink- und Duschwasser, dann die Klasse B: Reinigungswasser (wie lange können wir uns zu Hause noch A-Klasse Wasser leisten?)

Zum Abschluss folgt ein Rundgang in der Kommandozentrale des Ersten Offiziers. Er macht interessante Ausführungen über die Steuerung der Ballast-Tanks beim Be- und Entladen des Schiffes mit 112.000 t Eigengewicht. Dies ist eine wichtige Arbeit, denn als vor zwei Jahren in Rotterdam ein Tanker falsch entladen wurde, brach er buchstäblich in der Mitte entzwei.

Morgens um 5 Uhr erwache ich ohne den Wecker, obwohl dies bis anhin nie der Fall war. Nach einiger Zeit merke ich, dass das Schiff stillsteht. Hat mich das fehlende Vibrieren des Stahlkolosses, das Fehlen des leichten Schaukelns oder der nicht zu hörende »Gesang« der leeren Container geweckt? Den Grund des Stillstandes erfahre ich beim Morgenessen: Wir sind zehn Stunden zu früh im Fahrplan.

Heute sehe ich sie, die Streicher. Nicht etwa Orchestermusiker, auch keine Landstreicher, nein, die Anstreicher von Berufes wegen. Mindestens sechs Matrosen sind mit dem Ausbessern von Rostschäden beschäftigt. Aber unter den Streichern gibt es wie überall Streicher und Streicher – einige kratzen den Rost vorher ab und malen dann, andere sehen das Glück im Farbverbrauch.

Trotz Sonntag wird an Deck vielseitig gearbeitet: Neben den Anstreichern sind drei Matrosen damit beschäftigt, die Container-Verankerungen auf Vordermann zu bringen. Die Zeit wird genutzt, um die sogenannten kleinen Arbeiten auszuführen, die dann das Werken in der hektischen Zeit erleichtern. Wie zum Beispiel Gewindestangen schmieren, Seile ordnen, Ösen spleissen, kurzum eben retablieren.

Einige Angaben zum Schiff:

Bauausführung:	
Schiff:	China/Taiwan
Technik:	Korea
Elektrische Anlage:	Japan
Baujahr:	1998
Motor:	Hyundai – MAN – BuV
Leistung:	28.000 PS
Typ:	7 Zylinder-Zweitakter mit Ventilen, Umkehrspülung und Aufladung
Leerlauf:	26 U/min.
Volllast:	93 U/min.
Verbrauch:	120 gr-PS/h
Hub:	263 Zentimeter (2,60 m)
Bohrung:	70 Zentimeter (700 mm)
Kolbengewicht:	3 t
Tankinhalt:	2.500 t, reicht für 30 Tage Volllast (1 t kostet 114$ in Rotterdam)

Tagesverbrauch:	80 t Schweröl (spez. Gewicht: 0,96–0,98) Zum Tanken auf 140 Grad vorgewärmt, 300 bis 400 t/h, je nach Dickflüssigkeit
Länge:	212 Meter
Breite:	31 Meter
Höhe:	48 Meter (Durchfahrtsnorm bei Brücken 52 m, LKW 4 m)
Leergewicht:	12.000 t
Gesamtgewicht	20.000 t
Unter Deck:	6 Container tief, über Deck: 6 Container hoch
Breite des Schiffes:	12 Container
Länge des Schiffes:	11 Container
Gesamtvolumen an Containern:	2200 Stück
Tiefgang:	10 bis 12 Meter
Wendekreis:	600 Meter (mit Vollgas), drei Schiffslängen
Bremsweg:	1,6 km, 8 Schiffslängen
Geschwindigkeit je nach Seegang:	18 bis 24 Seemeilen = ca. 40 km/h
Besatzung:	22 Mann
Kapitän:	Deutscher
Erster Offizier:	Pole
Kader:	Deutsche
Mannschaft:	aus Kiribati

\multicolumn{6}{c}{**CONTSHIP AUCKLAND TELEPHONE LIST VOYAGE 7022**}					
20	BRIDGE	25	HOSPITAL	49	OFFICERS MESS
21	ENGINE CONTROL ROOM	26	GALLEY	79	CONFERENCE ROOM
22	FIRE CONTROL STATION	27	SALOON	50	CREWS MESS
23	SHIP OFFICE	51	EMERGENCY FIRE PUMP	80	TV ROOM
24	ENGINE OFFICE	81	BOW THRUSTER SPACE	67	BUNKERSTATION/ GANGWAY
28	MASTER DEMBECK	38	CHIEF ENGINEER GERDES	45	ABLE SEAMAN (C) KAURIRI
29	CHIEF OFFICER SRODECKI	39	2nd ENGINEER KERN	75	ABLE SEAMAN (D) RIO
30	2nd OFFICER KAREREITI	40	3rd ENGINEER BAURO	46	ABLE SEAMAN (E) TIMON
31	3rd OFFICER MURDOCK	41	ELECTRIC ENGINEER PASZKIEWICZ	76	OILER (A) TIROIA
32	OWNER / PASS. MARTI	42	STEWARD RERE	47	OILER (B)
33	PASSENGER COOPER	72	COOK OBETA	77	OILER (C) TIEMTI
34	PILOT	43	FITTER/ ADMINISTRATION	48	OILER (D) TEKEN
35	PASSENGER DAVID	73	BOY KAIMATA	78	ABLE SEAMAN (F) TEKANENE
36	SUPERCARGO (fitter)AREBAIO	44	ABLE SEAMAN (A) TABUIA	66	SPARE
37	BOATSWAIN TIMA	74	ABLE SEAMAN (B) MOAUA		

Telefonliste des C<small>ONTSHIP</small> A<small>UCKLAND</small>

13. Tag
New York

Im Great South Channel vor Long Island taucht aus dem Dunst der alte Leuchtturm auf. Durch die Narrow Bridge hindurch sehe ich nun die Freiheitsstatue und die Skyline von Manhattan ohne das World Trade Center.

Wir fahren auf Red Hook zu und beobachte das gekonnte Anlegemanöver unter Mithilfe von zwei Schleppern, welche unser »kleines Schiff« umherschieben, als sei es ein Spielzeug – und dabei geht es beim Einparken um Zentimeter.

Dann werden wir zur Passkontrolle gerufen und erhalten den Bescheid: »Kein Landgang möglich!« Schade!

So sind wir zum Schiffsarrest vergattert. Gerne hätte ich einen Ausflug in die wirklich nahe gelegene Stadt gemacht; doch der Anblick der Brooklyn Bridge muss mir genügen. Wohl oder übel verzichte ich auf die vorher geplanten Programmpunkte:
- Jazzkonzert im Knickerbocker Steakhouse
- Guggenheim Museum
- Madison Square Garden
- Chinatown und Little Italy
- die 14. Strasse

Das alles muss ich auf ein anderes Mal verschieben.

Ich verbringe die meiste Zeit mit Zusehen beim Umladen, wobei gleich klar wird, dass die Amis die 28 Moves nicht schaffen (Ein »move« ist das Ein- oder Ausladen eines Containers, ideal sind 28 moves pro Stunde).

Interessant wird es, als seitlich der Tanker anlegt, um uns mit Schweröl zu versorgen, notabene 600 t.

Die Skyline von Manhattan ohne die Türme des World Trade Centers

CONT AUCKLAND kurz vor der Durchfahrt unter der Brooklyn Bridge

14.Tag
Norfolk

An der Ostküste der USA in südlicher Richtung entlang steuern wir unser Ziel Norfolk an. Die Anreise ist spannend durch viele Bauwerke wie Brücken und Tunnels sowie die Präsenz von Flugzeugen und Helikoptern.

Norfolk ist ein Marine-Stützpunkt mit vielen Flugzeugträgern, Kreuzern, Zerstörer, alle schön aufgereiht wie bei einer Parade; nämlich 38 Kriegsschiffe, darunter vier zum Auslaufen vorbereitete Unterseeboote – und dabei sind 50% der Liegeplätze noch frei!

Ich begreife ein wenig das Verbot, an Land zu gehen, empfinde das durch den Lotsen verhängte Fotoverbot aber doch als übertrieben.

Morgen werden es 15 Tage auf See ohne Landgang; was habe ich bisher alles erlebt! Eine Welt, die ich nur vom Hörensagen kannte. Ich habe auf See viel Interessantes gesehen und erfahren. Genossen habe ich aber vor allem Ruhe und Schlaf, durch die Abgeschiedenheit praktisch erzwungen; und von Seekrankheit bisher dank des guten Wetters keine Spur.

Erwähnenswert ist auch die Küche, vielseitig, reichlich, gutbürgerlich gekocht – so werden wir täglich verwöhnt. Nun, manchmal ist die Zusammensetzung schon etwas »asiatisch« wie z.B. das Nachtessen letzthin: Spiegeleier, Tartar, Rollmöpse. Aber geschmeckt hat es doch!

Es ist eine neue Erfahrung für mich, zwei Wochen lang die Tage ohne Zeitung, ohne Telefon, ohne Fernsehen verbringen zu können.

Das schnelle Verladen ermöglicht uns ein baldiges Auslaufen, schade, Hafen und die ans Terminal angrenzende Stadt wären einen Besuch wert gewesen.

15.-16. Tag
Savannah

Wir fahren an der amerikanischen Ostküste entlang dem sonnigen Süden entgegen.
Landurlaub ist nicht möglich, eine Hafenbesichtigung nur vom Schiff aus – diese Entscheidung ist auch für den Kapitän schwer nachvollziehbar.
Der 11. September 2001 hat die Welt verändert – das war nicht nur ein »Häusereinsturz«. Doch wie gedenken die Amerikaner die Sünden der Vergangenheit aufzuarbeiten?! Ich weiss nicht, ob das der richtige Weg zum Ziel ist.
Nachdem ich bei der Einfahrt in den Hafen die ersten grossen fliegenden Fische gesehen habe, bleibt mir heute an Bord Zeit und Musse, dem Pelikan zuzuschauen, wie er sich seine Fische aus dem Wasser holt.
Am frühen Abend verlassen wir den Hafen und betrachten ein letztes Mal mit Wehmut die Stadt, die wir nicht betreten durften. Schade!
Am Abend beobachte ich den einmaligen Sonnenuntergang und den Sternenhimmel, wie man ihn nur in der Karibik und in der Südsee sieht. Man könnte Romantiker werden; doch die Container holen dich in die Realität zurück.

Sonnenuntergang in der Karibik

16.–20. Tag
Kingstone

An den Bahamas vorbei fahren wir durch die Windward Passage (zwischen Kuba und Haiti), später ist die Insel Navassa schemenhaft zu erkennen.

Heute besuchen wir Passagiere die Brücke unter Führung des Kapitäns. Er kann uns mit seinen fachkundigen Erklärungen begeistern, auch die Äusserungen über die modernen Instrumente und deren Sinn sowie gelegentlich auch Unsinn finden offene Ohren. Interessant ist die Darlegung unserer Reiseroute anhand der gezeigten Seekarten. Die Wetterkarte verspricht einen Taifun; der Kapitän und wir hoffen gemeinsam, dass er nach Norden abzieht, ansonsten erwartet uns ein wahrhaft unvergessliches Erlebnis.

Auf Aussenreede verbringen wir viel Zeit mit Warten; Grund ist der besetzte Anlegeplatz, warum auch immer.

Das Dritte-Welt-Land Jamaika hat ein Natel-GSM-System, das ankommende Gespräche vermitteln kann. Ausgehende Gespräche funktionieren (noch nicht), aber SMS kann ich einwandfrei senden.

Der angesagte Taifun fegt über Kuba hinweg, wo er Verwüstungen und Tote hinterliess. War es Glück oder weise Voraussicht, dass wir verschont blieben? Der Kapitän meint, von beidem ein wenig.

Durch das späte Einlaufen muss ich auf Landgang verzichten. Macht auch nichts; die Einsparungen werden durch zusätzliche Telefonspesen wettgemacht. Ja, manchmal kann Heimweh wirklich weh tun und ich habe heute versprochen nie, nie mehr soo lange fortzugehen; alleine.

Wir laufen sehr früh aus, deshalb ist ein Landgang nicht mehr möglich. Nach Auskunft des Kapitäns wäre das bei Nacht und alleine auch gefährlich gewesen. Für ihn beginnt die zivilisierte Welt nach Panama.

Ich verbringe viel Zeit auf Deck, muss die Moral aufbessern, denn Gespräche mit der Heimat verursachen ein gewisses Heimweh und manche Gedanken wollen nun geordnet werden.

21.- 22. Tag
Panama-Kanal

Wir sehen viele Schiffe um uns herum. Alle haben das gleiche Ziel: den Kanal.
Gegen Abend laufen wir in den Hafen von St. Cristobal ein. Das Auslaufen ist erst am folgenden Morgen möglich, deshalb gibt es also Landurlaub. Die Stadt Colon liegt gleich am Terminalgelände. St. Cristobal ist Treffpunkt der rauhen Seeleute alter Zeiten in Spelunken und Bordellen.

Colon

Panamas zweitgrößte Stadt, breitet sich an der Ostseite der Bahia de Limon aus. Es entstand Mitte des 19. Jahrhundert als Warenumschlagplatz und als Umsteigeort für Reisende, die von einer US-Küste zur anderen den zeitsparenden Schiffs- und Eisenbahnweg über die Landenge nahmen. Die Stadtgründung geht größtenteils auf das Konto der Schiffs- und Eisenbahngesellschaft United States Mail Steam Line, deren Direktor den Ort zunächst nach seinem Familiennamen Aspinwall taufte, erst später trat der heutige Name Colon in den Vordergrund. Durch seine große Bedeutung als Knotenpunkt wuchs der Ort rasch zu einer Kleinstadt an, in der das Leben alles andere als angenehm war.

Ein Reisender beschrieb Colon im Jahre 1853 als eine angelsächsische Siedlung, die dem spanischen Amerika eingefügt wurde, aber nur auf den ersten Blick, denn sie wird von Nordamerikanern dominiert und die Einrichtung der Häuser ist nicht komfortabel. Sie verfügt über keine Kirche, lediglich über ein Krankenhaus für die drei- bis viertausend Einwohner, aber dagegen sind Hotels, Tavernen und alle Arten von Läden reichlich vorhanden. Ihre Bevölkerung wird vom Abschaum aller Nationen gebildet, speziell von dem der englischen Antillen. Niemand wagt es, durch die Straßen zu gehen und in den Hotels zu übernachten, ohne gut bewaffnet zu sein. Es ist nicht verwunderlich, dass Colon ist, was es ist: Ein ungesunder Ort, und es ist erstaunlich, dass es möglich ist Leben zu erhalten in dieser unreinen Pfütze ...

Colon heute:
Fast anderthalb Jahrhunderte später hat der Reisebericht kaum an Aussagekraft verloren. Bei einem Blick in die Straßen der Stadt erscheint es, als ob der Berichterstatter nicht das Colon von 1853 besucht hat, sondern erst gestern in der Stadt unterwegs war. Der Ruf einer gefährlichen, schmutzigen Stadt ist keinesfalls übertrieben. Colon ist – man kann es nicht anders sagen – ein großes Ghetto aus kaum bewohnbaren morschen Holzhäusern, an denen die salzhaltige Meeresluft und die Feuchtigkeit ständig nagen. Mit alten Brettern und Blechteilen versuchen die Bewohner, ihre Häuser vor dem langsamen Zerfall zu retten. Vielerorts haben sie den Kampf gegen die Natur bereits aufgegeben; den Blick in die Wohnungen verhindern nur noch Lappen, Pappkartons und alte Kleiderstücke.

Kaum eine Straße oder ein Stadtteil kann als angenehm bezeichnet werden, ganz zu schweigen von der Atmosphäre. Über der Stadt liegt eine unheimliche Spannung, die mit jedem Tag dem Zerreißen näher kommt. Dabei besitzt Colon mit der »Zona Libre« den nach Hongkong zweitgrößten Freihandelshafen der Welt, der einen nicht unerheblichen Beitrag zur panamesischen Wirtschaft leistet. Aber die Gewinne fließen größtenteils nach Panama-Stadt oder ins Ausland und Colon bleibt mit leeren Taschen zurück. Die Geschäftsleute und Touristen fahren mit dem Auto, Taxi oder Bus direkt zum Eingang der Zona Libre, einer Art Kleinstadt im Südosten Colons, die mit hohen Mauern und Stacheldraht umgeben ist und bewacht wird wie der Hochsicherheitstrakt eines Gefängnisses. In den Straßen vor dem Eingang drängen sich Bettler, Kinder und Arbeitslose, die für ein paar Cents die oft teuren Autos der Besucher bewachen. Der Kontrast könnte nirgendwo größer sein als vor dem Tor der Zona Libre, in der täglich Millionen von Dollar umgesetzt werden, während draußen die Bevölkerung um jedes Stück Brot kämpfen muss. Dass die Unzufriedenheit unter den Bewohnern ständig wächst und die Kriminalität Jahr für Jahr eine drastische Steigerung verzeichnet, sollte für sie eine Warnung sein, in Colon nicht länger zu verweilen als unbedingt notwendig ist – von einem Spaziergang in den Straßen von Colon kann sowieso keine Rede sein.

Sicherheit:
Achtung! In Colon kommt es ständig zu Überfällen, auch tagsüber. Vermeiden Sie, wenn irgendwie möglich, sich zu Fuß in der Stadt zu bewegen. Der Flughafen, der Busbahnhof, das Hotel Washington sowie die Zona Libre gelten als sichere Orte für Touristen.

(aus: Reise Know-How, Verlag Peter Rump, Bielefeld 2001)

Soweit die Zitate aus dem Reiseführer; doch wie habe ich dieses »heisse Pflaster« erlebt:

Es war seit 21 Tagen der erste Landurlaub und ich wollte einige Einkäufe tätigen. So genoss ich eigentlich wieder einmal die Hektik, das Stadtleben mit vielen Läden und reichhaltigem Angebot. Die Stadt ist ihrem verrufenen Image nichts schuldig geblieben; doch ich war natürlich mit der notwendigen Vorsicht zu Fuss unterwegs. Die Stadt ist anders als wir zivilisierten Europäer es von unseren alltäglichen Städten gewöhnt sind, anders ist die Atmosphäre, sind die baulichen Verhältnisse, der Verkehr und die Vehikel, das multikulturelle Kolorit mit all seinen Begebenheiten – das hat nun mal seine Reize. So gesehen war dieser Ort sehenswert und ein Erlebnis der besonderen Art.

Nach dem Morgenessen Auslaufen zur Kanalstation mit folgender Reklame: »Der Kanal für ein neues Jahrtausend«. Lotsen kamen an Bord und unser Schiff wurde unter gütiger Mithilfe zweier Schlepper in die Schleuse hineinmanövriert; es musste präzis gearbeitet werden, denn links und rechts blieb nur je ein halber Meter Spielraum.

Schlepper an der Seite von CONT AUCKLAND *im Panama-Kanal*

An der Seite fuhren vier zahnradgetriebene Lokomotiven vor und mit einer einmaligen Seilwinden-Technik zogen sie uns in die Schleusen. Unter zweimaligem Anheben von ca. 20 Meter erreichten wir so den Gatun-See.

Annäherung an die Schleuse im Panama-Kanal

Einige Daten und Fakten:
- Kanalfahrrinne: 81,6 km lang, 153 m breit, 12 m tief
- Schleusenkammer: 305 m lang, 35,5 m breit, 24,5 m tief
- Gatun-Damm: Länge 2,4 km, Breite 800 m unten, 30 m oben
- Gesamtbauzeit: 10 Jahre (1904–1914)
- Erdbewegungen: unter den Franzosen (1881–1898):
    23 Mio. Kubikmeter,
    unter den Amerikanern (1904–1914):
    177 Mio. Kubikmeter
- Gesamtbaukosten: 387 Mio. Dollar plus 40 Mio. Dollar für Land und Kanalrechterwerb
- Eingesetzte Arbeitskräfte: cirka 75.000

Tote:	durch Krankheiten und Unfälle: circa 25.000
Gegenwärtig eingesetzte Arbeitskräfte:	7.500, davon 90% Panamaer
Maximal zugelassene Schiffsabmessungen:	Länge 294 m, Breite 32,3 m, Tiefgang 12 m
Durchfahrtszeit:	8–10 Stunden im Kanalwasser, plus einer Wartezeit von 12 Stunden vor der Durchfahrt
Durchschnittsgebühr:	34.000 Dollar pro Fahrstrecke

Der Gatun-See ist ein riesiger See mit unzähligen Inseln, mit einer Vegetation, die nur die Tropen bieten können, einer Vielzahl von Bäumen und Sträuchern in einer wundervollen Farbenpracht. Das alles zum Greifen nahe. Immer wieder tauchen Inseln auf, nur von fremdländischen Vögeln bewohnt, selten sehe ich Häuser oder Menschen. Durch diese einmalige Landschaft fährt unser Schiff mit halber Kraft den vorgezeigten Weg.

Nach etwa fünfstündiger Fahrt zeigt ein Einschnitt (Culebra-Durchstich), dass hier der Natur mehr als nur ein bisschen nachgeholfen wurde, denn aus der »Seefahrt« wird langsam eine »Kanalfahrt«.

Der Culebra-Durchstich im Panama-Kanal

Wir erreichen die Kanalstation Miraflores-See, und das Schleusenmanöver beginnt von vorne, mit dem Unterschied, dass wir diesmal auf Meereshöhe abgesenkt werden.

Mittlerweile ist es Abend geworden – die interessante Fahrt hat uns in knapp zwölf Stunden vom Atlantik zum Pazifik geführt.

Vor uns sehe ich eine kleine Inselgruppe, backbord die Skyline von Panama City; so laufen wir hinaus ins offene Meer, während »Schiffe aller Arten« Spalier stehen, ein herrlicher Anblick. Sie haben als Ziel alle den Kanal, wir dagegen wollen nach Tahiti.

Die Erbauung des Panama-Kanals war eine der grössten menschlichen Leistungen aller Zeiten. Keine Statistik der Welt kann nur annähernd vermitteln, was die Menschen auf der Landenge geleistet haben. Nach dem Geschichtsbild einer ganzen Generation von Amerikanern war es eigentlich Präsident Theodore Roosevelt, der den Panamakanal erbaute. Aber ohne die Fähigkeiten von John Stevens, George Washington Goethals und Dr. William Gorgas hätte sicher erst viel später ein Schiff die Landenge überqueren können. Und ohne die 75.000 unbekannten Arbeiter wäre der Traum, die Welt durch dieses technische Wunderwerk ein Stückchen näher zusammenzurücken, niemals wahrgeworden. Bei allen Leistungen dürfen aber die ca. 25.000 Arbeiter nicht vergessen werden, die durch Krankheiten und Unfälle starben – etwa jeder dritte Kanalmeter hat einem Arbeiter das Leben gekostet.

23.–31. Tag
Überfahrt nach Tahiti

Es heisst nun, sich auf die längste See-Etappe vorzubereiten. Ich hoffe, dass der Pazifik uns wohlgesonnen ist, denn bis zum nächsten Hafen – Papeete – sind es 4.600 Seemeilen (= 8.260 km).

Die Reiseroute wird uns nördlich an den Galápagos-Inseln vorbeiführen, dem Äquator folgend, dann südlich von Fatu Hiva und dem Atoll Mataiva. Das Atoll Tetiaroa wird uns dann anzeigen, dass wir bald am Ziel sind. Etwas weiter nördlich liegt Kiribati, was sicher einiges Heimweh bei unserer Mannschaft hervorrufen wird.

Während dieser langen Tage auf See habe ich nun wirklich Zeit, Meer- und Wetterverhältnisse zu beobachten; vor allem die rasch wechselnden Wolkengebilde am Himmel geben Anlass zum Nachdenken.

Meer und Himmel, tagelang!

Manchmal regnet es am Bug, während am Heck noch die Sonne scheint. Die Farben der Wolken wechseln in rascher Folge von schwarz auf weiss, ständig neue Wolkenformen bringen einen ins Phantasieren. So entstehen plötzlich am Horizont Schneeberge, ja, sogar Eiger, Mönch und Jungfrau, doch der nächste Windstoss wischt sie weg und die reale Welt ist wieder da.

Aber auch sonst kann einen das Meer inspirieren und zum Nachdenken anregen. Ich verstehe jetzt die Überfahrtszene aus dem Film »Der längste Tag« um einiges besser.

Ebenfalls zum Nachdenken bringt mich aber auch die ziemlich grosse Rauchwolke, die unser Schiff nach sich zieht. Ein Automensch wie ich, der mit viel Geschick an der Schraube drehen musste, um CO^2 und NOX-Werte nach unten zu drücken, muss nun ansehen, wie der Himmel verdunkelt wird, obwohl das Schiff 1998 erbaut wurde.

A propos Reinigen: Das hat am 11. November 2001 Neptun getan, und der Staubgeborene, vom Schmutz der nördlichen Halbkugel befreite, wurde getauft auf den Namen »Robbe«. So bin ich wohl vorbereitet, die Gewässer südlich des Äquators zu befahren – das alles geschah anlässlich der Überquerung des Äquators um 13 Uhr 51.

Bei so viel Sauberkeit strapaziere ich auch gleich noch die Miele-Maschine!

Nachdem ich schon einige springende Fische gesehen habe, sind heute die fliegenden Fische an der Reihe. Ich kann mich kaum satt sehen an den Kapriolen, die sie vorführen. Es ist beeindruckend, was für eine Strecke sie, einem Vogel wirklich ähnlich, zurücklegen.

Auf dem Schiffsrundgang holt mich die Vergangenheit ein, als ich feststelle, dass die Kühlcontainer eine Tachoscheibe haben, um so den Nachweis erbringen zu können, dass die Kühlkette nicht unterbrochen wurde.

Bis auf Deck E spüre ich das Vibrieren des siebten Zylinders, höre das monotone Geräusch der Klimamotoren. Über mir wölbt sich der blaue Himmel mit ein paar Schleierwolken, rings um mich sehe ich, wie mit einem Zirkel gezogen, bis zum Horizont nichts als azurblaues Meer. Kein Schiff, kein Fisch, keine Andeutung von Land, nur Wasser – als wärst du auf dem Planeten »Wasser«, nicht auf der Erde.

Urkunde über die Taufe auf den Namen »Robbe« am 11. November 2001

Ich gehe dann 86 Stufen hinunter (Höhenunterschied ca. 20 m) bis auf die Höhe der Wasserlinie. Mein Ziel ist der Bug des Schiffes. Dort überwältigt dich die Stille, man hört nur noch ein Zischen, spürt leichten Wind, sieht, wie das Schiff sich unter leichter Wellenbildung vorwärts pflügt.

Hier empfindest Du das Vorwärtskommen, spürst zugleich eine Stille und Ruhe, die an das Gefühl auf einem Segelboot erinnert. So muss es Kolumbus und anderen Seefahrern ergangen sein. Heute wird GPS eingesetzt, wo es noch gestern bei den Seeleuten Kompass, Sterne, Sonne und Sextant war – und erstaunlicherweise fanden alle ihr Ziel!

Seit fünf Tagen ist das Wetter von einer geradezu kitschigen Schönheit, blauer Himmel, milder Passatwind, spiegelglatte See. Für Abwechslung sorgen die fliegenden Fische mit ihrem Flug durch Kraft und ohne Thermikunterstützung und plumper Landung.

Morgen, Sonntag, sollen wir in Papeete einlaufen und für zwei Tage an Reede liegen. Die längste Etappe wird zu Ende gehen, langweilig war sie nicht, manchmal aber ein wenig eintönig.

Für Abwechslung sorgte aber auch das Barbecue an Bord. Das Achterdeck wurde in eine fahnengeschmückte Gartenwirtschaft mit einheimischer Discomusik umgewandelt. Koch und Steward walteten ihres Amtes und grillten allerlei Fleisch und Geflügel sowie Thüringer Bratwürste. Verschiedene Salate und fremdländisches Gemüse rundeten die Tafel ab.

Ich hatte interessante Gesprächspartner in dem Kapitän und dem »2nd Engineer«. Wir unterhielten uns über Themen wie die Sorge um den beruflichen Nachwuchs, den Schiffbau ganz allgemein, über die Mannschaft, wo doch einzelne nun seit 12, 15, und 18 Monate an Bord sind, aber auch über den beruflichen Ärger eines Kapitäns, der nachgerade zum Schreibtischtäter, einem Beamten nicht unähnlich, wird.

Dabei erfahre ich vieles über Seefahrt, Seeleute, Häfen und Länder. So auch, dass der Ladevorgang mit der Einführung der Containerschiffe bedeutend effizienter geworden ist, meist nimmt er ja nur wenige Stunden in Anspruch. Ausserdem erfahre ich, dass Zeit auch hier Geld ist. Das gilt auf See sogar ganz besonders, wo jeder Tag den Charterer 12.000 US Dollar kostet und vor allem im Hafen, wo sich die stündlichen Hafengebühren je nach Hafen auf einige tausend Dollar belaufen. Vorbei sind die Zeiten – jedenfalls auf Containerschiffen – als die

Abendliche Plauderei mit dem Kapitän

Schiffe tage-, ja wochenlang im Hafen lagen und die Matrosen sich den Schönheiten an Land widmen konnten. Heutzutage reicht es höchstens für einen kurzen Abstecher zur nächsten Telefonzelle, in eine Bar, den Supermarkt oder zum Besuch bei einer Prostituierten. Oft wird die Nacht durch geladen und abgelegt, was für einige Seemänner zusätzliche Nachtschicht bedeutet. Vorbei also mit der Seefahrer-Romantik; und doch hat dieser Beruf nach wie vor auch seine Reize.

Der Zweite Ingenieur unterrichtet mich auch in »Schiffskunde«, erzählt mir, wie sich ein guter Passagier an Bord verhalten soll.

So fahren wir Tahiti entgegen, nun mit dem Sonnenuntergang vor dem Schiff; ich sehe Gemälde am Himmel, die es nur in der Südsee gibt, sogar der Mond hängt ganz tief, als wäre er in der Hängematte.

32.–34. Tag
Tahiti

Die ersten Vorboten in Form von Atollen werden sichtbar, weisser Strand, Palmen, ringsherum hellgrünes Meer – sind das nun die Inseln, von denen man träumt?

Ein internationaler Wegweiser in der Karibik

Ich mache einen sonntäglichen Morgenspaziergang in Papeete; dort herrschen französische Sprache und Lebensart vor. Die Stadt ähnelt den französischen Städten an der Côte d'Azur.

Der Tourismus ist gross geschrieben, Papeete ist ein relativ teures Pflaster, ganz gleichgültig, ob man in polynesischen Francs oder US Dollar zahlt – man könnte fast meinen, fünf Dollar seien der einheitliche Getränke-Preis.

Auf der Boulevard-Promenade schlendere ich an interessanten Gebäuden und Einrichtungen vorbei, ehe ich im empfehlenswerten Restaurant »Captain Bligh« ankomme, wo sowohl Küche als auch Ambiente reizvoll sind. Das angrenzende Lagonarium ist einen Besuch wert.

Der Mythos Tahiti, so es ihn je gab, ist mit der modernen Zeit, dem Verkehr, den Bauten und den vielen Hotels längst verblasst.

Der Mythos rührt aus der Zeit, als Kapitän Bligh Tahiti 1788 nach zehnmonatiger Überfahrt mit der *Bounty* erreichte, um Brotfruchtpflanzen abzuholen – bekanntlich wurde daraus nichts, die Meuterei ist in die Welt- und Filmgeschichte eingegangen. Für die Seeleute aus dem feuchtkalten England muss Tahiti das Paradies auf Erden gewesen sein. Fünf Monate Wärme, Müssiggang und plötzlich wieder Drill. Das ist auch 200 Jahre später noch nachvollziehbar.

Auch die schwärmerischen Bilder von Gauguin passen in diesen Rahmen; sie gehören »leider« der Vergangenheit an.

Ich fahre mit dem Taxi zurück; der Fahrer spricht deutsch mit ellsässischem Akzent, denn er hat in Basel gearbeitet. »Die Welt ist heute ein Dorf«. Ich verbinde das noch mit einer kleinen Stadtrundfahrt, bei der mir die wichtigsten Örtlichkeiten gezeigt und erklärt werden. Bei der Gelegenheit höre ich auch, dass die beiden Luxus-Liner nicht etwa Gäste aus den USA gebracht haben, sondern vom Konkursamt festgehalten werden.

Luxus-Liner an fester Kette

Wieder an Bord kommen mir noch zwei Dinge in den Sinn; am Morgen habe ich gesehen, dass die zur unmittelbaren Umgebung hin offen gestaltete Kirche bis auf den letzten Platz gefüllt war, ebenso die umliegenden Parkplätze. Ich wartete und wollte die sonntäglich gekleideten Leute sehen. Dabei merkte ich, dass die Kirche und der Platz vor der Kirche ein richtiger Mittelpunkt ist, bei dem man sich zeigt und trifft. Eine Realität wird mir aber auch vor Augen geführt: Auf den Ansichtskarten sind die Frauen schlank und rank, in Wirklichkeit jedoch vor allem breit, dickwadig und mehr als mollig. Schade, ist die Jugend hier so schnell vorbei?

Die Insel Moorea

Mit der »Ferry« setze ich zur 17 km entfernten Insel über – 25 Minuten mit dem Tragflächenboot; an Bord lauter Touristen und bei der Ankunft das übliche Gedränge, die Fragen nach dem richtigen Bus für das richtige Hotel, nach dem richtigen Bus für den jeweiligen Ausflug. Das schaue ich mir erstmal an und habe meine heimliche Freude an der Hast und Eile der Leute – als gäbe es die Insel morgen nicht mehr!

Als sich dann die Lage beruhigt hat, erklärt mir ein Taxichauffeur die verschiedenen Möglichkeiten zur Besichtigung der Insel. Welchen Weg soll ich wählen, um das Paradies zu suchen? Ich entschliesse mich, mit ihm die Westküste zu besichtigen, Dauer ca. vier Stunden à 20 Dollar mit der Option, auch noch nach Osten zu fahren.

Es wurde eine aufschlussreiche und interessante Fahrt: Vorbei an der Cooks Bay (ein traumhaft schöner Platz), der Bounty Bay, dem Belvedere der Ananas-Strasse, immer wieder mit Stops zu näheren Erklärungen, und dabei erfahre ich die folgenden Details: Die Hotels befinden sich immer in bester Lage, sind aber teuer, pro Nacht 300 Dollar. Die Stände an den Straßen verkaufen einheimische Produkte, dies sind Ananas, Mango, Papaya, Zitronen, Bananen, Vanille, aber auch Gemüse und Fische sowie das einheimische Monoi-Hautöl. Ein sogenanntes »Insel-Hüpfen« per Flugzeug ist möglich, die Insel Bora-Bora fest in Händen der Amerikaner. Insel-Rundfahrten kann man aber auch mit verschiedenen anderen Verkehrsmitteln machen, mit Leihwagen von

AVIS oder Europcar, Dreirad-Vehikeln mit Stützrädern, Velos sowie dem öffentlichen Holzpritschenbus.

Der Chauffeur zeigt mir den Berg, den der Sage nach der Häuptling mit dem Speer durchbohrt hat, damit die Sonne hindurchleuchten kann. Besteht hier eine Ähnlichkeit zum Martinsloch in den Glarnerbergen?

Die Menschen leben von Tourismus und ein wenig Landwirtschaft, ausserdem von einer ortsansässigen Getränkefabrik. Viel geschieht im Strassen- und Hotelbau, dabei arbeiten die Einheimischen, während die Ausländer das Sagen haben. Ist das nun das Paradies?

Antwort: Hast du Gesundheit und Geld, dann kannst du es dir aussuchen!

Zurück in Papeete verfalle ich dem Shopping, finde aber nichts Passendes und mache einen Spaziergang zurück zum grössten Boot im Hafen.

Da wir fast drei Tage im Hafen liegen, werden am Hauptmotor diverse grössere Wartungsarbeiten vorgenommen.

Containerhafen in Tahiti

Der Zweite Ingenieur lädt mich ein, den z.T. »offenen« Motor zu besichtigen. Überwältigt bin ich auch diesmal wieder von den Grössenverhältnissen! So wird im »mittleren Stockwerk« am Kolbenboden und am Auslassventil kesselweise Russ entfernt! Höhepunkt ist aber das Erlebnis, wie die Pleuelstange sich mit dem Hub von 263 cm bewegt, ist der Anblick der riesigen Kurbelwelle, auch das Hineinsteigen von zwei Mann, die dann mit einer raffinierten Messmethode das Lagerspiel kontrollieren. Auch dieses ein Erlebnis ganz eigener, besonderer Art.

Pünktlich wie vorgesehen laufen wir um 16.00 Uhr aus dem Hafen dem offenen Meer entgegen, Tahiti und Moorea werden kleiner und kleiner; der Abschiedsschmerz wohl kaum.

Nach dem Nachtessen auf Deck habe ich noch zwei Erlebnisse: Ich sehe einen jungen Delphin, der ganz übermütig einen Rückwärtssalto nach dem anderen vorführt, als wolle er mir zeigen, was er schon gelernt hat.

Später, nach dem Eindunkeln, steht das Kreuz des Südens am Himmel, als wolle es uns den Weg weisen und daran erinnern, dass es auch die australische Flagge schmückt.

35.–40. Tag
Überfahrt nach Neuseeland

Wir verlassen nun Französisch-Polynesien an den Cook Inseln vorbei in Richtung 35. Breitengrad. Es geht an vielen kleinen Inseln vorbei in diesem wahrhaft riesigen Ozean – daher auch der Name Ozeanien oder einfach die Südsee. Das Meer ist ruhig bis mittelschwer, das Klima wird milder; nicht mehr so heiss, der Pullover ist angesagt, der Südpol kommt näher.

Wie immer am Freitag der übliche »safety drill«, heute zum Thema: Das Schiff brennt und muss verlassen werden. Demonstriert werden die roten Hilfsraketen, aber auch der Gasschutz.

Gestern war Freitag, heute ist Sonntag! Wir haben die Datumslinie überschritten, und so beginnt die Suche nach dem verlorenen Tag. Hier gibt es nun auch den grössten Zeitunterschied gegenüber der Schweizer Zeit, nämlich genau zwölf Stunden, und das ohne jeglichen Jetlag – so schön kann eine Seereise sein!

Ich beobachte wieder fliegende Fische, die hier grösser sind und wahre Künstler, wenn sie, den Wind dabei ausnutzend, über die Wellen fliegen.

Wir fahren auf die Nordinsel von Neuseeland zu, durch den Hauraki Gulf, an vielen, zum Teil bewaldeten Inseln vorbei, dann in die Auckland Bay. Die Stadt liegt am Hügel des Vulkans, das Hafengelände wird revitalisiert und somit ist die City direkt beim Terminal.

Das Natel funktioniert auch in der südlichen Halbkugel, und so kommt gleich das beruhigende Gefühl auf: So weit weg bist Du nun ja auch nicht!

Fliegende Fische à 3

Auckland

Mit dem Taxi fahre ich in die Stadt, was bei besserer Ortskenntnis gar nicht nötig gewesen wäre. Mein erster Weg führt mich zum Coiffeur; montags geöffnet, Haarschnitt für Rentner: 13,50 neuseeländische Dollar, ansonsten $ 15.

Auckland ist eine hügelige, sehr saubere Stadt. Der Linksverkehr ist beim Überqueren der Strassen gewöhnungsbedürftig, auch sonst wirkt alles sehr »British«, mit Pubs usw.

Ein Muss ist der Besuch des Sky-Tower, von wo aus man einen guten Überblick über die Stadt und einen herrlichen Blick auf deren Umgebung hat.

Die Leute sind freundlich und hilfsbereit und ruhig. Das Strassenbild zeigt einen wahren Schmelztiegel der verschiedensten Völker. Das Leben spielt sich ohne Hektik ab, in einer ruhigen Atmosphäre. Ich habe noch keine Stadt erlebt mit einer solchen Ruhe und Gelassenheit, obwohl auch hier gearbeitet und Geld verdient wird. Ordnung muss sein, ich beobachte einen Abschleppdienst für Lang- und Falschparkierer; auch Volvo werden rasch geöffnet und weggeführt. Ich kaufe mir eine Zeitung und lese vom Crossair-Unglück. Mir fällt auf, dass Raucherwaren extrem teuer sind.

Die Leidenschaft der Neuseeländer ist das Segeln, nirgends auf meiner Reise habe ich so viele Boote in den Buchten gesehen wie hier, aber auch Zubehör und Werkstätten sind augenfällig – was muss hier los sein beim America Cup!

Zu Fuss gehe ich zum Hafen zurück, auch hier am Zoll ist man freundlich und hilfsbereit. Der Hafendienst führt mich zum Schiff und der Zöllner sagt zuvorkommend: »You're Mr David, the passenger, have a nice trip!«

Auf Deck höre ich Kinderlachen – der Bootsmann hat Besuch von der Familie, Kiribati liegt doch nicht so weit abseits von der Welt.

41.–44. Tag
Überfahrt nach Neukaledonien

Nouméa

Wir nähern uns dem südlichen Wendekreis, vorbei an Mikronesien, hügeligen Inseln mit eigenartigen Formen; es geht durch die Passage im Korallenriffgürtel in die Bucht von Nouméa. Unsere Nachbarinseln sind nun Australien und die Fidschiinseln.

Nouméa, eine mediterrane Stadt à la France, beginnt gleich beim Hafen; modern mit viel Bautätigkeit, vor allem bei den Hafenanlagen. Ich finde sehr schöne Parks, die zum Verweilen einladen. Unmittelbar am Hafen gelegen sind viele neue Geschäfte, vielseitige und grosszügige Shopping-Möglichkeiten. Jetzt ist natürlich überall für Weihnachten dekoriert, ein wenig ungewöhnlich mit all den künstlichen Tannenbäumen und dem grossen Strumpf von Père Noël.

Es ist sehr heiss, jeder sucht schattige Passagen. Gegen Abend regnet es dann täglich, aber nur kurz.

Nouméa ist ein Inselstaat, deshalb ist alles relativ teuer; ein Bier kostet beispielsweise US $ 4,50; trotzdem geniesse ich ein exklusives französisches Nachtessen inklusive Schnaps und zweiter Nachspeise.

Dann geht es zurück zum Schiff, ich erfahre aber, dass die Auslaufzeit verlängert wurde. Das liegt daran, dass in Nouméa und Tahiti mit bordeigenen Kränen aus- und eingeladen wird und die dafür notwendige Zeit offenbar nur schwer abzuschätzen ist.

Das Verladen fasziniert mich immer wieder von neuem, deshalb hier einige Fachbegriffe:

Stapler	=	»Känguruh« mit Gummirädern
Centrys	=	riesige bewegliche Portalkräne
Moves	=	Das Aus- und Einladen von Containern (ideal sind 28 pro Stunde)
Twist-Lock	=	Container-Befestigung
Lashings	=	seitliche Container-Verstrebungen

Container und Kräne im Hafen von Nouméa

Der Bordkran von CONT AUCKLAND

Neben all diesen technischen Hilfsmittel läuft ohne EDV natürlich überhaupt nichts. Beeindruckend ist immer wieder die Kommunikation untereinander. Die Centry-Fahrer, die Computer-Ausdrucke in den Händen, sind wahre Artisten im Verladen.

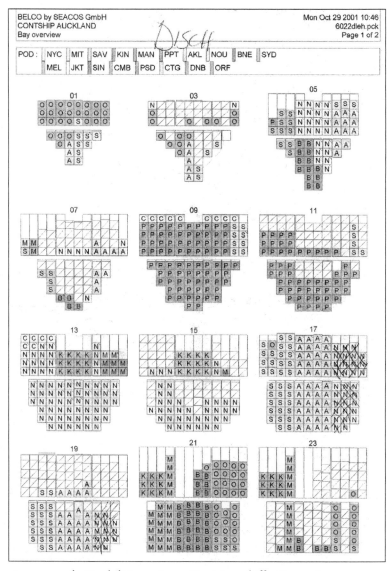

Auszug aus der Frachtliste »meines« Containerschiffes CONT AUCKLAND

45.–47. Tag
Überfahrt nach Australien

Brisbane

Wir laufen bei Regen aus, der über dem offenen Meer aufhört. Die See ist glatt wie ein Spiegel, *mare del silencio*; so bleibt es während der ganzen Überfahrt bis Brisbane – praktisch keine Dünung.

Anlässlich der Sicherheitsübung sehen wir einen sehr instruktiven Film über die Bedienung, Handhabung und Nutzen der bordeigenen Rettungsinseln.

Ein Naturerlebnis der besonderen Art ist der blaue, fast wolkenlose Himmel backbords mit einem Sonnenuntergang mit Abendrot, wie ihn nur das Meer bieten kann. Fast zur gleichen Zeit achtern der Mondaufgang (Vollmond), dessen Bild genau in unsere Fahrrinne fällt.

Sonntagvormittag kommen wir in Brisbane an, wo wir vom australischen Zollbeamten freundlich und persönlich in Empfang genommen werden. Der Container-Terminal liegt 24 km ausserhalb der Stadt und es gibt keine Busverbindung; das Taxi kostet 30 AS $ – vorläufig bleibe ich mal an Bord.

Brisbane ist ein idealer Aufenthaltsort das ganze Jahr über. Sucht man die Wärme, geht man nordwärts, möchte man es kühler, dann südwärts. Der »Sonnenstaat« Queensland ist der zweitgrösste Bundesstaat Australiens mit perfektem Tropenklima. Hier gibt es den grössten, lebenden Organismus der Welt – das Grosse Barriereriff. Queensland wird von den Wellen des azurblauen Korallenmeeres und dem Südpazifik umspült und ist ein ausgezeichnetes Ziel für Besucher, welche die verschiedenen Seiten Australiens kennenlernen möchten.

Brisbane ist eine besonders schöne Stadt. Hervorzuheben ist der Panoramablick vom Mt. Coot-tha aus, sind die Southbank Parklands mit Märkten und lokalem Kunstgewerbe und der sandige Stadtstrand; die Riverside Kunstgewerbemärkte werden jeden Sonntag am Fluss zwischen Wolkenkratzern und Restaurants abgehalten, in Brisbane findet man die Gold Coast und Sunshine Coast mit Vergnügungspark der Warner Bros. Movie World, Wet. N. Wild Water World, Sea World und Dreamworld.

In Brisbane verabschieden wir uns von dem wortkargen australischen Passagier, Mr Hutison. Seine enthusiastischen Worte über Queensland, den schönsten Flecken auf dieser Erde, werde ich allerdings nicht vergessen. Oder war es vielleicht doch das Heimweh, das ihn zu solchen Äusserungen hinriss?

Auch die eigenwillige Passagierin Mrs Marti verlässt uns hier, jedenfalls für einige Zeit. Sie unternimmt eine Bahnfahrt bis Melbourne. Nach meinen Informationen gibt es auf dieser Strecke ausser dem Erlebnis der Bahnfahrt allerdings landschaftlich keine besondere Attraktion.

Es ist allerdings eine Überlegung wert, aus- und umsteigen und dann wieder an Bord gehen. Wo wäre dies sonst noch möglich? Oder auch die andere Variante: Aussteigen, das Land besichtigen und drei Monate später mit dem Schiff wieder weiterfahren, eventuell sogar mit einem anderen Schiff – das werde ich beim nächsten Mal in Betracht ziehen!

Den Abend verbringe ich mit Kapitän und den beiden Offizieren im nahegelegenen Seeman's Club auf Fisherman Island. Ein Kuriosum: Barkeeper ist der Pfarrer, das Bier kühl und reichlich. Während dieser Tage erfahre und lese ich einiges: Die Aborigines sind von Indonesien um 40.000 vor Christus eingewandert. Um 12.000 v. Chr. steigt der Meeresspiegel und isoliert Australien. Tasmanien wird selbst zur Insel. Von 1606 an landen Niederländer auf beiden Inseln, 1770 nimmt James Cook Australien für England in Besitz. Die ersten Gefangenen – prisoners – gehen 1788 in Sydney von Bord, ab 1796 gibt es in Australien erste Merinoschafe, 1851 beginnt der Goldrausch. Die Nationalfarben versinnbildlichen die gelben Blüten der Akazie – wattle-trees – und das Dunkelgrün der Eukalyptusblätter.

48.–49. Tag
Sydney

Vormittags liegen wir auf Reede und warten auf den Lotsen. Dann erleben wir eine interessante, beeindruckende Einfahrt an roten Felsen und Buchten vorbei via Oper und Harbour-Bridge zur White Bay ans Pier.

Mit dem Taxi fahre ich zum Sky Tower, wo ich in 328 m Höhe über die vielen Buchten und Seen sowie die Grösse von Sydney staune.

Einmalig ist das Aquarium! Ich bin überwältigt von Grösse und Vielfalt sowie der Präsentation der Meerbewohner unter Wasser. Ein einzigartiges Erlebnis!

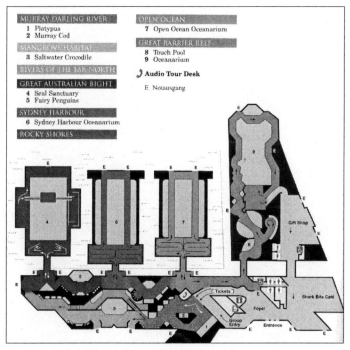

Die Anlage des Aquariums von Sydney

Fischer und Besucher in direkter Konfrontation im »Underwater viewing tunnel«

Die Oper, das Wahrzeichen von Sydney, ist architektonisch und der landschaftlichen Lage nach ein herausragender Bau mit den drei Hauptgebäuden Konzerthalle, Theaterhalle und Restaurant.

Die Oper von Sydney in exponierter Lage

Am Circular Quai beobachte ich Menschen und den Verkehr – beides zeichnet sich durch Vielfalt aus: Fähren, Wassertaxi, Busse, Eisenbahn, Monorail, alles sauber und keine Grosstadt-Hektik.

Am Abend durchwandere ich »The Rocks«; diesen historischen Stadtteil mit seinen Gassen, alten ehrwürdigen Häusern und unzähligen Pubs und Läden muss man einfach gesehen haben.

Das Auslaufen verzögert sich. Laut Kapitän ist das in Sydney fast normal, andererseits gibt es einen Container-Unfall an Land, was eine zusätzliche Verzögerung bedeutet. Bei der Lagerung im Terminalgelände wurde festgestellt, dass eine als gefährliche Ladung deklarierte Flüssigkeit ausläuft. Die Feuerwehr in grosser Besetzung muss her, vor Ort öffnen, Chemiker zur Analyse, Polizei zur Abklärung der Schuldfrage – all das braucht Zeit und Geduld.

Darum fahre ich nochmals in die Stadt ins National Maritime Museum, wo ein Zerstörer und ein U-Boot zur Besichtigung vor Anker liegen. Das U-Boot beeindruckt mich besonders; (meine Kabine kommt mir danach wie eine Wohnung mit mehreren Zimmern vor).

Anschliessend unternehme ich eine Wanderung in der Cookly Bay mit all ihren Geschäften und Attraktionen. Ausgelaufen wird bei Nacht.

»Bye-bye, Sydney, du warst eine Reise wert!«

50.–51 Tag
Melbourne

Bei Nacht laufen wir, dem Yarra River folgend, zum Swanson Deck. Am Morgen herrscht sehr geschäftiges Treiben auf dem abgesperrten Hafengelände, Fussgänger sind nicht erlaubt und unser Transfer erfolgt per Bus, der mittels Überwachungskamera herbeigewunken wird. Lastwagen dürfen nur ausserhalb des Terminals fahren (mit bis zu drei Containern), innerhalb des Geländes wird mit den 13,50 Meter hohen »Känguruhs« verladen. Der ganze Betrieb läuft straff, aber freundlich ab, ist so nicht nur weniger unfallgefährdet, sondern auch fast diebstahlfrei. Beim Verlassen der Anlage ist man sehr hilfsbereit, so holt man beispielsweise per Telefon ein Taxi und drückt mir für die Rückkehr eine Art Visitenkarte mit Eintrag aus dem Stadtplan, wo das Schiff vor Anker, liegt in die Hand.

Das Schiff ist praktisch vollbeladen, darunter allein 95 Kühl-Container – unser Elektriker wird sich freuen.

Die weitläufigen Hafenanlagen in Melbourne

Mit dem Taxi fahre ich zum Queen Viktoria Market und bin beeindruckt von der Grösse und Vielfalt. Ich finde mehr als 1000 Verkaufsstände mit Obst, Gemüse, Fleisch, Fisch, Backwaren, Haushaltsartikeln, Kleidern, Stoffen, Souvenirs, Autozubehör und Werkzeug; es gibt einfach alles. Anschliessend unternehme ich einen Stadtbummel, denn eine Stadt kann man richtig nur zu Fuss erleben. Im italienischen Café mit Live-Jazzmusik erfolgt dann die verdiente Pause.

Beim Nachtessen an Bord begrüsse ich die neue Passagierin, Mrs Cooper. Wir vereinbaren, in der nächsten Zeit unsere Sprachkenntnisse bei der »Kaffee- und Teatime« zu vertiefen.

Am Abend geht es mit einem Teil der Mannschaft zum Seafarer Center »Stella Maris«. Ich wollte einfach mal erleben, wie Seeleute den Abend verbringen. Die Seafarer Center sind eine christliche Organisation mit Dienstleistungen wie Gratis-Bustransfer, Restaurant und Bar, kleinem Laden, Billard-Saal, Andachtsraum, Bibliothek, Info-Center, Swimmingpool, Telefonzellen; gelegentlich finden auch gesellschaftliche Veranstaltungen statt. Die Einrichtung wendet sich an Seeleute aller Dienstgrade.

Postkarte aus dem Stella Maris Club Melbourne

Da die Seafarer Center um 23.00 Uhr schliessen, müssen wir wohl oder übel gehen und machen uns auf dem kürzesten Umweg auf unseren Heimweg.

**P & O Ports
West Swanson Dock**
Cnr Gibbons & MacKenzie Rd
Footscray
Melway Map 42 E8

Ein nützlicher Service der Hafenverwaltung; unser Liegeplatz

52.–60. Tag
Überfahrt nach Indonesien

In Melbourne laufen wir bei schönem Wetter, allerdings mit einem kalten Wind aus. Wir sind nun in der Nähe der Antarktis und erreichen den südlichsten Punkt unserer Reise. Weiter südlich liegt Tasmanien, die Insel, wo meine Nichte ein Zuhause gefunden hat. Dort kommt aber auch die beste Schokolade her; vor allem »Old Jamaika« (»Toblerorum« ist fast ebenso gut). Von dort geht es weiter auf die Südwestspitze von Australien zu, also vom Pazifik in den Indischen Ozean, wo es wieder wärmer wird.

Die See ist ungewöhnlich ruhig; hier herrscht starker Verkehr von Containerschiffen, Tankern und sogar Passagierschiffen, bald schon wird der Himmel kitschigblau, der Horizont versinkt im Dunst.

Eine SMS: »Bin im Ausgang, komme später«, MEZ 1.15, war vielleicht der Auslöser zu einem tiefsinnigen Gespräch an Deck mit dem Zweiten Offizier. Wir berühren Themen wie Vertrauen, sich auf jemanden verlassen können, Trauschein, die lange Dauer einer Reise, Gefühlswelt, Abschied und Wiedersehen, die Abgeschiedenheit auf See, Wehrlosigkeit, Seelenheil, Seemannsleben usw. Das alles vor einer Kulisse von Wasser und Sternenhimmel – vielleicht gerade deswegen so tiefgründig.

Wir sind zu schnell unterwegs, deshalb gibt es einen erzwungenen Halt von ca. 18 Stunden. Ein Matrose legt Köder aus für Haifische. Er erbeutet zwei Exemplare, von denen der eine etwa 2,50 m lang ist und 118 kg schwer. Die Flossen werden am Heck zum Trocknen aufgehängt, um sie dann in Jakarta oder Singapur zu verkaufen.

Beim wöchentlichen »safety drill« wird dieses Mal ein Brand im Maschinenraum und das Fluten mit CO^2 behandelt, eine nicht alltägliche Aufgabe, die Teamgeist und gute Checklisten-Arbeit erfordert.

Für die Passagiere gibt es ein Gespräch mit dem Kapitän zum Thema Piraterie; dies ist kein »Seefahrerlatein«, sondern bittere Realität.

»Ausgleichssport« Angeln

Der Kapitän informiert uns über die Örtlichkeiten, Tricks der Piraten und die Vorkehrungen, die man an Bord trifft. Und tatsächlich: Zwölf Stunden vor Jakarta wird das Schiff »dichtgemacht«, werden zusätzliche Lampen montiert und die Wachen verstärkt.

```
                          DATE:  15.12.01
EGC.924          Page  1      UTC Time: 01-12-15  00:15:24

LES 328 - MSG 29 - NavWarn Safety Call to Area: 20+45 S 20+140 W - PosOK

FROM IMBPCI MA31880 15-DEC-2001 00:15:02 MSG629876 SENTOSA C LES

150000 utc dec 2001

sitrep msg : 349/2001

this broadcast warns ships in passage in africa, the indian sub
continent and south east asian waters regarding piracy and armed
robbery.

recently reported incidents

11.12.2001 at 2310 lt at laem chabang anchorage, thailand.
pirates attempted to board a container ship. alert anti piracy watch
raised alarm and activated fire hoses. pirates abandoned attempted
boarding.

10.12.2001 at 2110 lt in position 01:14.51n - 104:03.82e, singapore
straits.
pirates boarded a bulk carrier underway. alert crew raised alarm and
switched on deck lights. pirates escaped empty handed.

10.12.2001 at 0855 lt at kakinada anchorage, india.
pirates boarded a chemical tanker and attempted to steal a fire hose.
they accidentally set off the fire alarm and as a result escaped
empty handed. earlier at 0515 lt pirates boarded and stole two
mooring ropes from forecastle. on 9.12.2001 at 1830 pirates had
attempted to board using ropes and hooks. they abandoned the boarding
when crew noticed their presence.

08.12.2001 at 0315 lt at libreville roads, gabon.
four pirates armed with guns board a general cargo ship and fired
upon the bridge. master raised alarm, fired signal rockets and sent a
distress signal. pirates stole cargo from containers and escaped.

07.12.2001 from 0155 - 0220 lt at vung tau anchorage, vietnam.
pirates boarded a bulk carrier and stole ships stores.

06.12.2001 at the mouth of amazon river, brazil.
pirates armed with guns, shot and killed a crew of the 119-foot yacht
during robbery.

06.12.2001 at 0455 lt at guayaquil pilot station, ecuador.
seven pirates armed with guns and knives boarded a container ship
steaming at full speed. alarm was raised and crew mustered on
bridge. pirates broke open the containers, stole part cargo and
escaped in a speedboat.

06.12.2001 at 03.30 lt at douala port, cameroon.
four pirates armed with knives boarded a general cargo ship and stole
ships stores. alert crew raised alarm and pirates jumped into the
water and escaped in a small boat.
```

Warnung von NavWarn vor Piraterie mit einer Übersicht der jüngsten Zwischenfälle

Heute morgen habe ich einer Seemöve mit einer Spannweite von ca. einem Meter zugesehen, wie sie das Morgenessen aus dem Meer holt. Ein Albatros mit gut doppelter Spannweite fliegt vorbei und dann: Springbrunnen im Wasser – und kurz darauf ist der Walfisch an der Oberfläche zu sehen.

Wir fahren bei einer Lufttemperatur von 35 Grad und einer Wassertemperatur von 30 Grad an der Christmas Island vorbei, werden Jakarta also bald erreichen.

61.–62. Tag
Jakarta

Bei der Einfahrt in den Hafen von Tanjungpriok kommen wir an vielen Schiffen vorbei, die teils auf Reede liegen, teils aber auch auf das Verschrotten warten. Das Wetter ist dunstig bei 32 Grad und Smog. Im Hintergrund taucht das relativ grosse Hafengelände auf, wo es verschiedene bekannte Aktivitäten gibt. Neu ist hier das Mopedfahren für 10 $.

Der Kapitän organisiert für uns Passagiere eine etwa fünfstündige Stadtbesichtigung mit Privat-Taxi (aus Sicherheitsgründen), die für jeden 10 $ kostet.

Die der Innenstadt vorgelagerten Wohnviertel sind kaum bessere Slums, es herrscht allgemeine Enge, die Häuser stehen direkt an der Strasse, offene Kanalisationsgräben, überquellend mit Gestank und Dreck, starker Verkehr von Fussgängern, Radfahrer, Mopeds und Autos, alles lärmig und ein Durcheinander, doch es funktioniert. Baumaterialien sind hier Wellblech, Holzreste, Lappen, verrostetes Blech. Doch die Leute sind freundlich und gute Gastgeber.

Auf gutausgebauter Schnellstrasse (mit Linksverkehr) fahren wir recht zügig in die eigentliche Stadt. Wir besichtigen unter anderem das Nationalmuseum, dessen Aufbau und Präsentation die Geschichte des Landes eindrücklich dargestellt, und das jeder Besucher sehen sollte. Der Präsidenten-Palast ist in dieser »demokratischen Diktatur« natürlich herausgeputzt und protzig. Dann sehen wir zwei ganz unterschiedliche Warenhäuser, das eine mit Gucci-, Davidoff-Artikeln usw., das andere im Denner-Stil.

Auffallend ist die wohl einmalige private Verkehrsregelung: Bei Kreuzungen, Einmündungen, Parkplätzen wird geholfen, aber immer sind kleine Trink- und Schmiergelder angebracht.

Den alten einheimischen Hafen besichtige ich ebenfalls und kann mich vom geringen Gewicht des Balsaholzes überzeugen, denn ein Mann verlädt dieses Material alleine auf das Schiff – in durchaus akrobatischer Weise.

Die Wirtschaft steht allerdings still und der Mittelstand fehlt. Das Leben nimmt hier einfach seinen Lauf – wie lange geht das noch so? Kläranlagen beispielsweise fehlen oder funktionieren nicht. Davon zeugen schon die weit in die Bucht schwimmenden Abfälle – so ein verdrecktes Meer und so schmutzige Kanäle habe ich bisher nirgends gesehen.

Zuletzt frage ich mich, ob ich das eigentlich ansehen wollte oder musste. Aber ich möchte meinen Ja, denn die Welt hat nicht nur Sonnenschein.

Dann geht es zurück zum Terminal, wo kaum Bewegung ist. Bereits am frühen nächsten Morgen laufen wir Richtung Singapur aus, diesmal mit geschlossenem Schiff d.h. das Fallreep an den Aussentreppen ist heruntergelassen und verschlossen, die Türen sind verriegelt, eine zusätzliche Aussenbeleuchtung ist angebracht und das Wachpersonal verstärkt – alles wegen der Piratengefahr.

63.–64. Tag
Singapur

Auf dem Weg herrscht reger Schiffsverkehr. Bei der Anfahrt auf Singapur liegen die meisten Inseln wegen der hohen Luftfeuchtigkeit im Dunst; vor Singapur kommt außerdem Regen wie eine Wand dazu, wir befinden uns in einem wahrhaften Nebel aus Dunst (dead calm), die Sicht ist gleich Null.

Dann fahren wir in den grössten Seehafen der Welt mit über 100 Entladekränen ein; in dem riesigen Hafengelände wird speditiv, fast fieberhaft gearbeitet. Die Verlade-Lkw fahren z. T. zweistöckig vor, hier laufen die Uhren wirklich schneller.

Im Hafen von Singapur

Der Personenverkehr innerhalb des Geländes erfolgt nur per Terminal-Bus. Es gibt Wartestationen wie in der Stadt, eine eigene Bus-Verkehrs-Gesellschaft mit 12 Linien und einem Fahrplan. Ich muss mir für die Rückfahrt Bus No. 8, Gate 1, Pier 12, merken, Abfahrt am Zollgebäude jeweils zur vollen und halben Stunde.

Trotz später Stunde (22.30 Uhr) fahre ich mit dem Taxi in die Stadt, um gewisse spezielle Souvenirs zu kaufen. Fündig werde ich bei Lau Pat Sat, einem riesigen Restaurant mit Basar, teils im Freien.

Abendleben in Lau Pat Sat

Ich wäre gerne noch in der Löwen-Stadt geblieben, habe ich doch so schöne Erinnerungen an:
- das Raffle Hotel
- den Tiger Balsam Garden
- den Botanischen Garten
- die Chinatown
- die Orchard Road

Rostbekämpfung im Tülversitz

Beim Sprachunterricht mit Mrs Cooper

Bei der täglichen Deutsch-Englisch-Stunde mit Mrs Cooper einige Probleme mit der Übersetzung des Zitats aus »Faust«:

Meine Ruh ist hin,
Mein Herz ist schwer,
Ich finde sie nimmer und nimmermehr.

Wir erreichen das Horn von Afrika und gelangen in den Golf von Aden. Er ist breiter als vermutet, die Ufer sind nicht zu sehen. Nun sind wir im Roten Meer und nähern uns der Strasse von Gabul, erkennen später im Dunst die südliche Spitze der Halbinsel Sinai.

Öltanker, Erdgasfackeln, Bohrinseln nahe an der Fahrrinne – dies ist das Meer der Kontraste zwischen biblischem Altertum und High-Tech aus dem 21. Jahrhundert. Dann erreichen wir die Bucht von Suez, wo es zahlreiche Raffinerien und Schiffe auf Aussenreede gibt, um am nächsten Morgen den Kanal passieren zu können.

Wir bunkern noch 750 t Schweröl. Bei dieser Gelegenheit kommen auch Händler an Bord, ich habe erste Eindrücke der arabischen Basartätigkeit.

Zum Sylvester-Nachtessen spendiert der Kapitän den Wein; gefeiert wird morgen anlässlich der Kanal-Durchfahrt.

CONTSHIP AUCKLAND — MENU OF THE WEEK — 31.12.01 – 06.01.02

WEEK 1	MONDAY 31.12.01	TUESDAY 01.01.02	WEDNESDAY 02.01.02	THURSDAY 03.01.02	FRIDAY 04.01.02	SATURDAY 05.01.02	SUNDAY 06.01.02
BREAKFAST	Pan Cake Cereal Fresh Milk Juice Fruits	Strammer Max Cereal Fresh milk Juice Fruits	Minuten Meat Cereal Fresh milk Juice Fruits	Eggs to order Cereal Fresh milk juice Joghurt	Bratwurst Cereal Fresh milk Juice Fruits	Tartar Frikadellen Cereal Fresh milk Juice Fruits	Eggs to order Cereal Fresh milk Juice Joghurt
LUNCH	Soup Pork Chop Vegetables Crokette Rice Fruits	Soup Roast Turkey Rot kohl Boiled Potatoes Rice Ice - Cream	Soup Lamb Chop Vegetables Boiled Potatoes Rice Fruits	Soup Schwein braten Vegetables Boiled Potatoes Rice Ice - cream	Soup Fry Fish Salads Boiled potatoes Rice fruits	Lamb Stew french Bread Pudding	Soup T.Bone Steak Salads Chips Rice Ice - Cream
DINNER	Steak Auf Toast Cheese Cold Cut	Layered Spice Fish and Rice Cheese Cold Cut	Sweet & Sour Pork Rice Boiled potatoes Cheese Cold Cut	Beef curry Rice Boiled potatoes cheese Cold Cut	Szegediner- Goulasch Rice Boiled Potatoes Cheese Cold Cut	Fricasse Rice Boiled potatoes Cheese Cold Cut	Speghetti Auf - lauf Cheese Cold Cut

Tuesday, the Healthy Year 2002 begins

Das Sylvester-Festmenü

76.–77. Tag
Suez-Kanal und Port Said

Am Morgen laufen wir im Konvoi mit 18 Schiffen in den Suez-Kanal ein und fahren bis zum Bittersee. Hier parken unzählige Schiffe, die den Gegenverkehr abwarten, denn aus Sicherheitsgründen und wegen der geringen Breite des Kanals herrscht im Kanal Einbahnverkehr.

Ismailia ist eine Stadt in der Wüste, wir beobachten lebhaftes Treiben zu beiden Seiten des Kanals. Bei der Weiterfahrt ist das östliche Ufer Wüste, das Westufer ist mit Kleinfeldern bebaut, vermutlich auch Reisanbau. Ich sehe viel Militär und entsprechende Bauten sowie noch Überreste vom Sechs-Tage-Krieg.

Die Fahrt durch den 170 km langen, schleusenlosen Suez-Kanal, die Verbindung vom Roten Meer ins Mittelmeer, ist ein Erlebnis der besonderen Art.

Im Suezkanal

Nach zwölfstündiger Fahrt mit halber Kraft erreichen wir Port Said.

Port Said

Wegen des kurzen Aufenthalts in Port Said, von 19.00 Uhr abends bis zum nächsten Morgen, wäre nur eine kurze Stadtbesichtigung per Taxi möglich. Dazu bin ich nicht aufgelegt, hatte ja den Basar an Bord: Das ganze Achterdeck war ausgelegt mit Verkaufsware, überall stiess ich auf aggressive Händler. Es war kein Basar mit Souvenirs, sondern vielmehr ein Markt mit Gebrauchsartikeln. Allerdings war die Auswahl gross und vielseitig, so gab es unter anderem: T-Shirts, Schuhe, Kleider, Lederwaren, Werkzeuge, Spielsachen, Bilder, Papyrus, Schmuck und Schnitzereien, ja, sogar Blutdruckmesser und Damenreizwäsche.

Zunächst fand ich das Gesuchte nicht – aber die findigen Händler konnten mir schliesslich doch helfen.

Am Morgen liefen wir aus und ich konnte vom Schiff aus sehen, was ich in der letzten Nacht verpasste hatte: Port Said, eine Mischung orientalischer und abendländischer Architektur. Es gab einige Einblicke in die Strassenschluchten, vorgelagert die neu gestaltete Uferpromenade mit Läden in den Bogennischen, darüber grosszügige Terrassenanlagen, das Ganze einige 100 Meter lang.

Schließlich fuhren wir Richtung Europa ins Mittelmeer ein, wo uns eine stürmische Nacht mit Wellen von acht bis zehn Metern erwartete.

78.–82. Tag
Überfahrt via La Spezia nach Marseille

Die Wetterlage ist stürmisch, es weht ein kalter Wind, zum Teil mit Regen, hohe Dünung – sind die schönen Tage nun vorbei?
Wir fahren in die bekannteren Gefilde Europas ein, an Sizilien, Sardinien und Korsika vorbei, die Insel Monte Christo liegt zum Greifen nah.
Elba weckt in mir Erinnerungen an Bekannte und liebe Freunde und die Toskana, dann erfolgt die Einfahrt in den schmucken ligurischen Naturhafen von La Spezia.

Passagierausweis für das Verlassen des Schiffes in La Spezia

Hier erwartet mich Besuch, der von Land aus die Wendung unseres Schiffes um 180 Grad beobachten kann. Die Stadt beginnt gleich hinter dem Terminal, doch ich fahre in die Toskana zum Nachtessen.

Beim Auslaufen fehlt unser Koch, er musste mit Magenproblemen ins Spital eingeliefert werden. Er, der mich mit seiner Kochkunst so gut betreut hat! So hat der Steward nun eine Doppelfunktion.

Nach 15 Stunden ruhiger Fahrt erreichen wir Marseille. Ich fahre mit dem Agenten und Mrs Cooper in die Stadt, um Euros zu kaufen. Wir machen einen kleinen Stadtbummel und erreichen das Schiff wieder per Taxi (15 Euro).

Die Hafenanlage in Marseille ist erwartungsgemäss gross und liegt weit ausserhalb der Stadt, doch zeigt das Terminal-Gelände deutliche Hinweise auf »la vie en france«. So kommen die Hafenarbeiter mit ihrem Auto direkt vor das Schiff gefahren und bedienen sich zunächst einmal am aufgestellten Kaffee-Automaten. Im Hafen entdecke ich alte Bekannte: fünf Luxus-Liner der Firma Renaissance, die auch hier zwangsweise vor Anker liegen. NB Erstellungskosten pro Schiff 250 Mio. $; nun sind sie für 40 Mio. $ zu haben.

83.–88. Tag
Überfahrt nach Tilbury

Schon bald vorbei an Menorca, Mallorca und Ibiza, dann der bekannte Felsen von Calpe, also haben wir den östlichsten Punkt von Spanien passiert, den Cabo de la Nao.

Im Morgengrauen sind wir vor Gibraltar, gut sichtbar ist der Affenfelsen, dann geht es durch die engste Stelle – acht Seemeilen = 14,4 km – hinaus in den Atlantik, der uns mit einer Dünung bis zu drei Metern empfängt. Mir kommt die griechische Mythologie in den Sinn – hier hörte die Welt auf, nach der Meerenge wurden schwarzes Loch und Tod vermutet; ich denke aber auch an Szenen aus dem Film »Das Boot«.

Portugals Küste ist teilweise sichtbar, ich entdecke viele Schiffe und kleine Fischerboote, dann das Ballett der Thunfische und später den westlichsten Punkt Spaniens, den Cabo Tourian. So erreichen wir den Golf von Biscaya. Tankerunglück und Küstenkatastrophe gehen mir durch den Kopf, ehe wir bei Brest in den Ärmelkanal einbiegen.

Freitags gibt es immer die Sicherheitsübung, diesmal zum Thema Rettungsboote und deren Handhabung. Auf akustischen Alarm wird verzichtet, da der Verkehr zu gross ist. Zeitweise zähle ich um uns herum 20 und mehr Schiffe. Die See ist sehr ruhig und beim Kapitäns-Gespräch unterhalten wir uns über Ebbe und Flut im Kanal, denn davon hängt das Ein- bzw. Auslaufen in Tilbury ab.

Wir sehen sehr viele Delphine, die uns ihre Künste vorführen. Der Delphin flüchtet nicht wie andere Fische vor dem Schiff, sondern begleitet uns; er will, dass wir seine Kunststücke begutachten. Alle seine Gebärden und Eigenheiten lassen den Schluss auf ein sehr intelligentes Lebewesen zu.

Die Fahrt auf der Themse geht in dichtestem Nebel unter, es gibt praktisch keine Sicht. Radar, Nebelhorn und Lotsen helfen uns, den Weg zu finden.

89.–90. Tag
Hamburg

Tilbury hat ein riesiges Industrie- und Hafengelände, das an beiden Ufern der Themse gelegen ist. Auch heute ist das Wetter typisch englisch mit Nebel und leichtem Regen, zum Fotografieren fehlt die Sicht. Im Terminal-Gelände gibt es auffallend wenig Hafenarbeiter, und doch wird rasch ent- und beladen. Mittags, bei Flut, kommen Lotsen an Bord. Sie sind mit ihren Krawatten sehr »britisch korrekt« und ausgesprochen höflich, wenn bei den Kommandos nie das »please« fehlt. Ihr »Starboard«, »Midships«, »hard Astarboard«, »steady as she goes« ... wird mir bald abgehen.

Für mich heisst es zum letzten Mal Winden ab, Leinen los. Im dichten Themsenebel geht es der Nordsee entgegen mit dem Ziel Elbe und Hamburg.

Noch einmal geniesse ich den Sonnenuntergang über dem Meer (fast so schön wie im Indischen Ozean). Bald danach erreichen wir zwischen Cuxhaven und Brunsbüttel die Einfahrt zur Elbe, den Beginn einer ca. sechsstündigen Flussfahrt.

Es geht an Blankenese vorbei, der Petrolhafen lässt mich ahnen, dass das Schiff bald zum letzten Mal während meiner Reise an die Pier manövriert wird. Ich schaue noch einmal beim Entladen der Container zu, Hamburg ist meine letzte Hafenstation auf dieser Reise.

Auf einer Reise von ca. 28.000 Seemeilen (ca. 50.000 km) rund um die Welt habe ich den Planeten Erde auf dem Wasser umkreist. Es fällt mir nicht leicht, Adieu zu sagen; ich mache daraus ein »Auf Wiedersehen«, allzusehr habe ich Schiff und Besatzung liebgewonnen.

Es war interessant und beeindruckend, die Relation von Land zu Wasser auf unserem Planeten zu erleben. Um wieviel grösser ist doch der Anteil des Wassers! Für mich war es eine besondere Erfahrung, eine ganz neue Welt, die der Seeleute, kennen zu lernen. Die vielen Begegnungen der letzten 90 Tage, das Leben an Bord, die vielen Hafenstädte, die Nächte mit Sternenhimmel über dem Meer, das

Verladen der Container – all das und vieles mehr machen diese Reise unvergesslich.

Mit einem letzten Ahoi geht es per Taxi zum Hauptbahnhof und dann mit dem ICE zurück in den Binnenstaat Schweiz.

Was für 90 Tage!

8. 00 Uhr	Morgenessen am reichhaltig gedeckten Tisch
10.00 Uhr	Kaffee-Pause
12.00 Uhr	Lunch, klein aber fein
15.00 Uhr	»Teatime with Cookie«
18.00 Uhr	Nachtessen immer vielseitig und reichhaltig.

Im Schnitt alle fünf Tage Landgang in einer anderen Stadt.

Während der ganzen Zeit praktisch immer Sonnenschein und blauer Himmel, mindestens 13 Grad Wärme, maximal 35 Grad.

Freizeit für Lesen, Schachspielen, Schreiben und Nichtstun.

Keine Hektik, kein Stress, kein Fernsehen, keine Zeitung und fast kein Telefon

Wirklich eine Reise der besonderen Art!

Tips zur Vorbereitung einer Frachtschiffreise

Was ist bei der Reise-Vorbereitung anlässlich einer längeren Seereise im Vergleich zu einer »normalen« Ferienreise anders? Eigentlich nicht viel, doch einiges ist zu beachten.

Man sollte nicht zu viel Wäsche mitnehmen, denn es gibt eine Waschmaschine und ein Bügeleisen an Bord. Beim Kantinenverkauf auf dem Schiff können Alltagsartikel für die Körperpflege, aber auch Getränke, Snacks, Zigaretten und Tabak gekauft werden.

Beim Landurlaub kann man einen Markt besuchen, das ist auch interessant, um Land und Leute kennenzulernen. Dabei sollte man auf die Tips der Mannschaft hören; sie weiss, was wo zu kaufen ist.

Nicht vergessen: Einen Platz im Gepäck lassen für Souvenirs!

Ganz wichtig im Gepäck sind Dinge, mit denen man sich beschäftigen kann, denn auf der Reise hat man viel Zeit zur Verfügung.

Meine Vorbereitung machte ich mit dem »Elefanten-Manager-Plan«: Du hast eine Vision, eine Idee, ein Vorhaben, eine Ausstellung, eine Erweiterung oder eben z.B. eine aussergewöhnliche Reise in der Planung. Da kommt dir am Anfang alles unübersichtlich gross vor, wie ein riesiger Elefant. Es gilt nun, dieses Tier so zu bändigen, bis du es an der Leine führen kannst. Doch wie gehst du nun vor:

Ordner anlegen, Ideen sammeln, Meinungsaustausch, Notizen machen und dann das Wichtigste, nämlich das Datum der Entscheidung – Ja oder Nein – festlegen.

Nun gilt es, den immer noch grossen Elefanten mittels eines Zeitplanes zu bändigen, je nach Vorhaben:

Ein Jahr vorher:
Was ist vorzubereiten; je nach Vorhaben den Zeitplan anpassen

Sechs Monate vorher:
Es sind sogenannte Checklisten anzufertigen, Aufgaben-Blätter mit Stichworten, wer macht was, die ersten Reservierungen sind vorzunehmen, Bestell-Listen etc. sind anzufordern

Drei Monate vorher:
Checklisten überprüfen, eventuell ergänzen
Ich hatte für diese Reise die folgenden Listen:

A. Bücher- und Beschäftigungsliste
- solche, die man schon lange lesen wollte
- eventuell ein Sprachkurs
- ein Schach-Computer
- eventuell spezielle Zeitschriften
- Lexika und Wörterbücher
- CD, DVD oder Videos

B. Reisedokumente
- Reisepass und ID (Gültigkeitsdauer beachten)
- Sicherheitskopien
- Passfotos, man weiss ja nie ...
- Quittungen von elektrischen Geräten (Zoll)
- Kreditkarten (auf Ablaufdatum achten!)
- Impfpass
- Führerschein für Mietwagen
- Gesundheitszeugnis
- Krankenkassen-Nachweis
- Fremdwährung: Dollar

C. Medizinische Untersuchungen
- Gesundheitszeugnis für die Reederei
- Impfen; Behandlung und Nachimpfungsdaten beachten
- Eigene spezielle Medikamente

NB: Die Bordapotheke ist vielseitig ausgerüstet

D. *Reisebüro*
- Reisedaten mit Hafenplan (wann sind wir wo?)
- Einschiffungshafen mit Hotelunterlagen
- Visum-Anträge überwachen
- Reiseprospekte und Stadtpläne zur Vorbereitungsstudie

E. *Adressbuch etc.*
- Eventuell ergänzen, damit es up to date ist
- Schreibpapier inkl. Umschläge
- Swisscom – Natel-Weltkarte zeigt, wo Telefonieren möglich ist
- Je nach Position des Schiffes muss der entsprechende Satellit mit den folgenden Vorwahlen angewählt werden:

Atlantik Ost	00871
Atlantik West	00874
Indischer Ozean	00873
Pazifik	00872

F. *Wäscheliste*
- nicht zuviel mitnehmen
- Dauer und (bis zu vier!) Jahreszeiten berücksichtigen
- Schlechtwetter-Alltags-Jacke
- Gutes Schuhwerk für Stadtbesichtigungen
- Hausschuhe sind in der Kabine bequem

G. *Vorsorge für Zuhause*
- Post-Vollmacht erstellen
- Bank-Vollmacht erstellen
- Einen Briefkasten-Leerer bestimmen
- Reiseadresse hinterlegen

H. *Kleinigkeiten*
- Sonnencreme
- Filme
- Reserve-Batterien
- Spielkarten
- Reisewecker
- Handy-Ladegerät

- Reserve-Brille
- Lieblingssüssigkeiten
- Verlängerungskabel für Laptop oder andere elektronische Geräte

Und nicht vergessen, packen Sie bei einer etwas länger dauernden Reise persönliche Dinge ein, die Ihnen wichtig erscheinen. Denn falls Sie während Ihres längeren Aufenthalts einmal etwas Heimweh verspüren sollten, wird Ihnen dies sicherlich viel Freude vermitteln und Trost spenden.

Natürlich sind diese Checklisten individuell, aber sie sollten Ihnen eine Anregung sein.

Einen Monat vor Start:
Checklisten durchsehen, eventuell ergänzen; Notwendiges erledigen

Eine Woche vor Start:
Einen grafischen Wochenplan erstellen, System: Stundenplan wie in der Schule, dann den Vermerk: »heute ist zu tun«

Einen Tag vor Start:
Letzte Kontrolle aller Listen, Plänen und Notizen

Auf diese Weise sollte der einst so grosse Elefant leicht und ohne Hektik zu führen sein!

Nach gehabter Freude, großem Erfolg und Vergnügen kommt aber noch das *Nachher*.

Spätestens nach 14 Tagen gilt es in einer kritischen Manöversitzung Gutes, Schlechtes, neue Ideen und Verbesserungen festzuhalten. Dann kann man den Ordner schliessen und ins Archiv legen – man weiss ja nie!

Ich wünsche Ihnen bei der Vorbereitung, der Vorfreude und der Reise viel Vergnügen, manchen Spass und reichhaltige Erlebnisse.

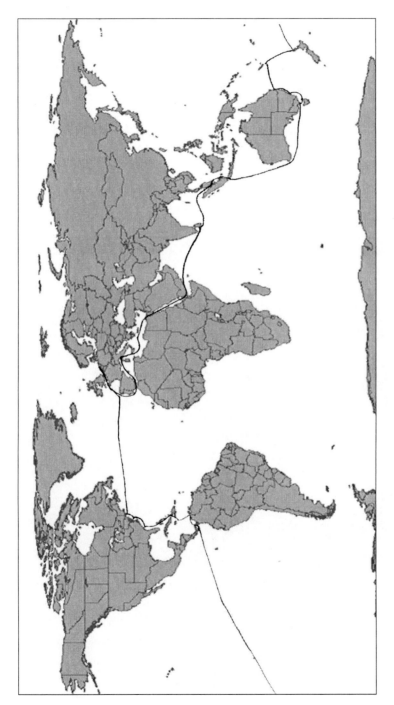

Rund um die Welt an Bord der Contship Auckland